本書研究初期曾受行政院國家科學委員會研究之補助，使得以完成此一學術計畫，在此謹誌，並申謝忱。

文史哲學集成

鄭樑生著

朱子學之東傳日本與其發展

文史哲出版社印行

國家圖書館出版品預行編目資料

朱子學之東傳日本與其發展 / 鄭樑生著. -- 初版. -- 臺北市：文史哲, 民 88
面： 公分. -- (文史哲學集成 ; 412)
ISBN 957-549-252-8(平裝)

1. (宋) 朱熹 - 學術思想 - 哲學 2. 哲學 - 日本

131.4 88017269

文史哲學集成 ⑷⑫

朱子學之東傳日本與其發展

著　者：鄭　樑　生
出版者：文　史　哲　出　版　社
登記證字號：行政院新聞局版臺業字五三三七號
發行人：彭　正　雄
發行所：文　史　哲　出　版　社
印刷者：文　史　哲　出　版　社
臺北市羅斯福路一段七十二巷四號
郵政劃撥帳號：一六一八〇一七五
電話 886-2-23511028 · 傳眞 886-2-23965656
實價新臺幣三二〇元
中華民國八十八年十二月初版

ISBN 957-549-252-8

序

如標題所示，本書所要探討的主題，就是「朱子學之東傳日本與其發展」，時間則侷限於日本的中世，亦即大約自鎌倉時代（一一八五～一三三三）至室町時代（一三三六～一五七三）之間；此一時期相當於中國南宋孝宗淳熙十二年前後，至明神宗萬曆元年頃。

眾所周知，自從朱子學於南宋末年隨禪宗東傳日本以後，經赴日華僧蘭溪道隆、兀庵普寧、大休正念、無學祖元、一山一寧，及留學中國的日僧圓爾辨圓、南浦紹明等僧侶的傳布，便逐漸在彼邦興盛、發展起來。先後出現了虎關師鍊、夢巖祖應、義堂周信、絕海中津、中巖圓月、岐陽方秀、雲章一慶、仲芳圓伊、季弘大叔、桃源瑞仙、横川景三等名衲；而他們的相關作品汗牛充棟。雖然如此，日本學者之從事此一學術領域之研究者並不多，此或許由於其文字艱澀難懂使然。在此情形之下，海峽兩岸三地的學者之涉及這方面的問題的，管見所及，除南開大學歷史研究所王家驊教授在其《日中儒學の比較》（東京，六興出版，一九八八年六月）第三、四、五章，及筆者在近年所發表若干篇什外，可謂絕無僅有。

朱子學不僅曾經影響了南宋以後的中國學術界與思想界，也還給韓國與日本學術界、思想界造成重大影響。就日本言之，它既成爲彼邦中世儒學研究的主流，造成漢文學研究的另一個高峰，也給彼邦哲學思想界帶來重大影響，更成爲江時戶代（一六〇三～一八六七）文教政策的根據；而其影響，至今仍有脈絡可尋。朱子之學術思想既然對日本的影響如此重大，卻又只有少數人從事這個學術領域的研究，未嘗不是一件憾事。因此，遂不揣淺陋，根據現有所能掌握的資料，來探討此一方面的問題。

由於此一研究範圍牽涉到儒、釋兩教，這個課題對主修中、日關係史的筆者而言，是一個沉重的負擔。所以書中所言可能未必能深入切中，尚祈方家不吝指正。

鄭樑生識於淡江大學歷史系

一九九九年歲次己卯初秋吉日

朱子學之東傳日本與其發展

目次

序……一
第一章　序論……七
第一節　研究目的與其架構……七
第二節　五山文學研究的概況……一八
第二章　朱子學東傳的緣起……二九
第一節　南宋以前的中國禪宗概觀……二九
第二節　王侯儒者之參禪……三四
第三節　禪與中國文學……四二
第四節　中國禪林的儒學觀……五一
第三章　朱子學之東傳與日本禪林……六七

第一節　中國禪林文學之東傳……六七
第二節　日本禪林的宋學觀……七五
第三節　日本禪林文學的發展……八二
第四節　宋學關係圖書之東傳……八八

第四章　東傳途徑與相關人物……一〇七
第一節　十二世紀以前的日本儒學……一〇七
第二節　朱子學的東傳途徑……一一三
第三節　撒播日本朱子學種籽的人物……一一九
第四節　在日本弘揚朱子學的人物……一二三

第五章　日本禪僧對朱子學的理解……一三七
第一節　對朱子學的認識……一三七
第二節　對《五經》的理解……一四六
第三節　對《大學》、《中庸》的理解……一五五
第四節　對《論語》、《孟子》的理解……一六四

第六章　朱子學之應用情形與傳布情形……一七九
第一節　對朱子學的應用……一七九

第二節　朱子學在地方上的發展……一八七
第三節　朱子學對當時公卿貴族的影響……一九五
第四節　江戶時代的朱子學……二〇四
第七章　結論……二一九

第一章　緒　論

第一節　研究目的與其架構

自從儒家經典之一的《論語》於晉武帝太康五年（應神天皇十五年，西元二八四）八月，由當時旅居百濟的漢高祖劉邦之後裔王仁（註一）東傳日本以後，中國經學在六世紀初已被日本作有系統的移植，從而彼邦人士閱讀漢籍之風氣日盛，研究儒家經典已成爲他們步入宦途的敲門磚。於是講授儒家經典者日多，以儒學自成一家之言者漸夥，以朝廷公卿爲中心的儒學研究曾造成日本文化的一個高峰。惟至後來，卻因武士執政，公卿沒落，所以儒學亦逐漸式微、僵化。並且自鎌倉時代（一一八五～一三三三）以後，復因其國內戰亂頻仍，人多尚武輕文。尚武輕文的風潮當然無法蘊育深刻的哲學思想。職是之故，自此以後至德川家康建立江戶幕府（一六〇三～一八六七）爲止的約四百年間，日本的儒學研究，除以五山禪僧爲中心的禪林文學一支獨秀外，其他文藝、學術則鮮有可觀者。

當五山文學興起時，宋代理學亦開始在日本傳播。經五山禪僧的耕耘，理學在德川時代不僅已發達成爲幕府作爲其文教政策之根本的「正學」，更成爲當時日本哲學思想之主流。非僅如此，此一思想也曾給予其武士道重大的影響，而對其明治維新之尊王思想更起了極大作用。因此，本書擬探討理學東傳日本以後，在彼邦傳布與發展之情形，及對其文教政策、民族精神的幾個層面所造成之影響。

日本禪僧所遺留的著作甚多，目前對那些作品作系統而深入研究的，管見所及，除足利衍述的《鎌倉室町時代之儒教》（註二），蔭木英雄的《五山詩史の研究》（註三）及芳賀幸四郎的《中世禪林の學問および文學に關する研究》（註四）外，似可謂仍不多見。五山文學雖居於日本中世文化的代表性地位，對其作品卻大都只停留在某一層面之極小範圍的研究，這種現象誠使人感到遺憾。由於那些作品之與宋、元、明時代學術思想有關者甚多，如果能對其內容作廣泛、詳實而深入的考察，將對中、日兩國此一學術領域的研究有莫大裨益，故擬以「朱子學之東傳日本與其發展」為題從事探討。當要探討之前，則擬有別於上舉足利衍述之以禪僧們個人之成就，與其作品特色和其對新儒學之見解作為探討之重點；蔭木英雄之專門以其詩篇為研究對象；或芳賀幸四郎之針對五山禪林的論著作一般性考察；而擬就其思想，尤其那些禪僧接受新儒學以後，對當時日本學術、思想界所造成之影響，及在那以後如何發展的問題，並且與東傳時的中國學術思想作一比較，藉以瞭解兩者之間到底已產生怎樣的差異。

區分日本中世文化與古代文化的最大標幟，就是古代文化主要受到六朝文化與唐文化之影響而發達，且對它具有親近性；中世文化則深受宋、元、明文化之影響。從事輸入宋、元、明文化者雖不侷限於禪僧社會，然無論在質或在量上，曾費最大氣力且最熱心從事移植宋儒新說者，卻是禪僧。所以就這種意義上言，日本禪僧既是在其整個中世裏代表最進步的文化前驅，也是標幟著該國中世文化的特徵及形成具有極大貢獻者。

當時居住於五山、十刹及其他許多禪宗寺院的禪僧，他們不僅引進日本中世文化的新機運，而且成爲開展此一時期文化的主要推動者。這種文化是從中國移植的，當移植之時，亦曾有許多中國僧侶參與此事，貢獻他們的力量。因此，正確認識由禪僧們所形成的日本中世文化，尤其由他們所樹立的學術與漢文學，及它對當時日本所造成之影響，應可說是要把握中國學術東傳日本以後之發展情形，與夫瞭解日本中世文化，特別是學術與文學之歷史的實態之重要作業。並且爲要瞭解日本中世禪林的學術與其文學本身之價值，和對日本中世文化作歷史的把握，與瞭解其近世文化的根源，以及宋、元、明時代的新儒學究竟經由何種途徑被移植日本？被移植後究竟如何發展？更由於這種文化在日本儒學史、漢文學史上居於最重要時期，故此一主題之研究應可說是極其重要而且有意義。雖然如此，或許因其史料之特殊性與難解性，以致彼邦學者缺乏作廣泛而深入之研究之人。也因爲如此，海峽兩岸三地的學者也就很少有人注意及此，以致有被忽略已久之慨，遂導致至今仍未被開拓的一個領域。因此，本書乃欲對此一學術領域作深入探討，以明中國原有的這種文化被移植、發展以後，到底與中國原來的有甚麼不同？及中國文化東傳以後的薪傳情形。

爲達到這些目的，及站在當前學術水準上，來綜合把握朱子學之東傳日本與其發展情況，本書乃從日本禪林之著作與夫彼邦朱子學與漢文學之發展過程中提出幾個重要論題，分爲下述七章，並將各章分為數節，來作系統的論述。

第一章為〈緒論〉。在此，除說明撰寫本書之目的與其全文結構外，也敘述研究日本禪林文學與中世新儒學發展之沿革。

第二章為〈朱子學東傳的緣起〉。中國禪道之興隆，雖在菩提達摩東渡之後；禪觀之實行則不自菩提達摩始。東漢桓帝時，有安息國沙門安世高誦持禪經，備盡其妙。建和二年（一五〇），振錫來至洛陽，譯出《安般守意經》，為習禪者所依，此為東土禪教之權輿。後來，月支國沙門婁迦識，中天竺人曇摩迦羅等，先後至中國弘揚佛法。此後，名僧輩出，至兩宋時，禪宗已趨爛熟。當禪道爛熟之際，日本僧侶明庵榮西、希玄道元先後至中國習禪；前者成為彼邦臨濟宗始祖，後者則成曹洞宗始祖。

當禪道大盛之唐末、五代，王公大臣之皈依者不少，如宋太祖、太宗之帝王，周敦頤、程顥、程頤、朱熹、陸九淵等學者，無不受其影響。士大夫們既受禪之影響，則其所作詩詞、文章之亦或多或少的會帶有禪之色彩，乃自然趨勢。

中國文人接受佛教的契機，是魏晉玄學的興起。魏末正始（二四〇～二四六）中，何晏、王弼祖述《老》、《莊》而玄學就是儒學的老莊化。至於晉代，玄學形成了一代風氣，名士們競談虛無，並發現了玄學與佛教初傳時的大般若相似處。在此情形之下，玄學家以佛教來豐富自己，佛家則依附玄學發展自己的「般若」理論，從而使釋子與文人大大改變了漢魏時期相互隔離的局面。迄至東晉，士大夫崇佛已相當普遍，而僧人之與名士交往者亦復不少。由於思想與生活情趣上的同調，遂導致文學上的同步。

禪宗雖然標榜「教外別傳，不立文字」，但這並非表示它不使用文字，乃是說它不用所依之經典，不逐尚邏輯的系統，以直觀臻於悟入之境界。故它不以文字作為推演其邏輯之手段。因禪宗乃最中國化的佛教宗派，而中國又非常重視以文字來表達己意，所以社會的一般傾向便自然影響及於禪林。

當禪僧與士大夫階級有較多往來後，也將其文體應用於佛門，影響所及，終於成為禪林文學之一種世俗化。迄至南宋末，由於禪林文學過於世俗化，所以便有人對此一事實加以反省，故從元末開始展開所謂偈頌運動，沿用世俗人士所用詩文之體裁，題材則侷限於佛教教義，亦即以吐露禪僧在修行過程中所誘發之詩情為其宗旨。

禪宗雖在南宋時代由日僧明庵榮西東傳日域，其後復有華僧一山一寧、蘭溪道隆、無學祖元等名衲先後渡日弘揚禪旨，但對日本禪林文學有深厚影響的，大都是在十三世紀末至十四世紀東渡者，亦即於佛教領域推動文藝活動之一派僧侶。職此之故，筆者將在此探討朱子學何以在當時東傳之緣由。

第三章〈朱子學之東傳與日本禪林〉。禪宗之所以東傳，乃由於日本平安時代（七九四～一一八五）末期，隨著宋日交通之逐漸頻繁，當時日本佛教界的部分人士已對其佛教感到停滯而無進步，故有不少僧侶先後到中國求新佛法。其到中國學佛者之將禪移植日本，固為鎌倉（一一八五～一三三三）初期之事，但禪宗東傳後不久，日益興盛，迄至室町時代（一三三六～一五七三）就成為日本佛教的主流。

日本的禪宗是由於其僧侶來華學習，及由中國禪僧東渡彼邦傳布，雙向交流而形成的，而中國學術之東傳，則可能以後者的力量爲大。自一山一寧於元成宗大德三年（一二九九）持詔前往扶桑招諭不歸後，日本禪林便開展研究中國學術風氣之機運，而此一時期適爲中國禪林文學世俗化的時代，故其作風也被原原本本的東傳日本，並且發展起來。

「教外別傳，不立文字」固爲禪宗之法門，然中國禪林對《楞嚴經》、《楞伽經》、《金剛經》等內典的研究，從禪宗發達之初期即已開始，而強調「慧」方面的教相與禪宗接近、融合，這種傾向在唐末至五代之間已經很顯著。

當禪宗東傳日本的時期，中國方面的教與禪，禪與淨已經融合，故對教理、教相的關心隨著高昂，研究內典的風氣漸盛。而此種風氣，也隨禪宗之東傳而傳至扶桑，此可由首先將此宗傳至東瀛的明庵榮西之台、密兼修，八宗兼學，及在京都一帶奠定禪宗基礎的圓爾辨圓之八宗兼學事蹟獲得佐證。並且由圓爾於來華留學東歸時，將許多有關佛教的書籍帶回日本，便可知他教禪一致的立場，與他對內典用功之深厚。圓爾的這種態度，成爲他日後所建東福寺及建仁寺之傳統，而此種傳統又被採取禪教不分之態度的夢窗疎石一派僧侶所繼承，所以日本禪僧不但閱讀內典與外典，而且設法輸入其所需之各類典籍。

當禪林學習外典的風氣漸開之際，便有許多傑出的詩文僧侶相繼出現，使禪林文學到達最高潮。

惟他們的漢文學與前一時代不同，故排斥漢唐訓詁之學，接受宋儒性理之說，崇信朱子學，終於認爲「不以朱子爲宗，非學也」。當時的日本禪林推崇朱子學的情形如此，就要有許多相關圖書來因應其需要，故元明時代東傳的此類圖書必然不在少數。惟因當時進口的文獻，不若明末清初之有清單可資查考，故只能從日本禪林之著作，及當時成立的文庫中去判斷，但筆者在此將從圓爾帶回的許多外典中，舉出與朱子學有關之著作，以瞭解當時輸入此一領域之圖書之一端。

第四章〈東傳途徑與方式及相關人物〉。在朱熹以前或與之同時，佛徒之學儒者甚多，如：天台宗之無外智圓，禪宗之了元佛印、佛日契嵩、闡提惟照、參寥道潛、德操如璧、冷齋惠洪、淵潭法英、大慧宗杲、癡庵祖覺、別峰宗印、滅翁文禮、蓬庵永聰、懶庵鼎需、簡堂行機等，即其著名者。其中以智圓、契嵩二僧爲巨擘。二僧中，又以契嵩對社會之影響最大。契嵩對儒學之造詣極深，他雖言學儒以爲禦侮之資，此只不過是表面上之藉口而已。因爲他非但批判排佛之先鋒韓愈，而且曾與歐陽修論難，更著《補教編》以倡導儒、佛兩教之一致。由此觀之，禪僧是爲便於弘揚己教而接近在士大夫間具有勢力的儒學，而此乃北宋以後之事，所以禪僧們之接近儒學之事實，對朱子學之成立亦有所貢獻，而朱子以後之禪僧之研究朱子學以謀調和，其主旨亦在於此。

朱子以後至宋末的禪僧中，研究朱子學的重要人物有潙山太初、退谷義雲、東山道源、北澗居簡、癡絕道沖、無準師範、自得惠暉、笑翁妙堪、偃溪廣聞、物初大觀、虛堂智愚、雪峰妙高、晦機元熙等而以潙山、北澗、癡絕、雪峰爲著。這些禪師俱言朱子學之居敬窮理，窮理盡性，格致誠正，在禪教亦皆有；謂：禪之頓悟即窮理，見性即盡性；復屢舉儒、佛兩教之一致處與相似處，以為它們不相悖之佐證，從而倡言儒、佛一致以補其短，以便於弘揚己教。

由於理學與禪之教理靈犀相通，其作為實修之居敬窮理與禪之打坐見性有一脈相通之處，故容易使禪僧理解而使其有親近感。因此，北礀居簡、癡絕道沖、無準師範等名衲無不言儒釋不二，而倡三教一致，持包容儒學之立場。而此一立場遂成為宋代禪林之風潮。這種風潮在理學東傳日本以後不久，因受東渡華僧與來華學禪之日僧的影響，在日本也造成研究理學之風氣。

當時對日本理學之興隆有重大影響者有一山一寧、蘭溪道隆、無學祖元、無準師範、清拙正澄、了元佛印、佛日契嵩、闡提惟照、參寥道潛、大慧宗杲、別峰宗印、大休正念等人。他們不但對朱子學有相當之研究，而且也都能將其運用於弘揚禪教方面。

在上述情形之下，禪宗雖然標榜不立文字，欲以禪定三昧之行來一超直入如來地，卻也為排除無學自是，狂禪自喜之缺點，乃取理學之長而注意學問研究，認為「天下無二道，聖人無兩心，若得聖人心，即是本源自性」，而孜孜努力於朱子學之鑽研。因此，筆者對此一方面的問題也將深入探討。

第五章〈日本禪僧對朱子學的理解〉。如據日本學者的研究，宋代理學係由京都泉湧寺僧不可棄俊芿東傳扶桑。理學東傳日本以後，使此一學術趨於成長、茁壯者既非當時執漢學之牛耳的公卿社會之博士家的學者們，也不是不可棄俊芿的傳承者，乃是出身五山的禪僧們。

無論朱子學也好，禪也好，無不以明心性之本體為主，故殊途同歸。朱子學在於學問研究與修養心性同時進行，禪則不立文字，所以雖有修養之功夫，卻無學問研究。禪之修養以坐禪為主，以心傳心，頓悟見性為宗，朱子學則在致知、格物、窮理、誠意，以明虛靈不昧之本體——心，亦即在於正心，誠意，盡性。因此，雖是坐禪，卻專以居敬為宗，當其臻於研究修養之極，一旦豁然貫通，便與禪之見性相同。因此，禪是單刀直入的，朱子學則是有秩序的，兩者歸趨相同而目的、立足點則迥異，亦即前者以有——世間為其立足點，後者則以無——出世為其立足點。前者智德不離，知行合一，修養己身，小而教化庶民，大而舉治國平天下之實，為其目的，禪則無此目的。由此可知，朱子學乃取禪之心學予以儒化，以儒教之目的——修身、齊家、治國、平天下為基礎，採取禪之修養法，使之有秩序，平易而無害。易言之，朱子學乃將禪之修養工夫改良成為儒教的，且賦予儒教之主要的知識研究，使之成為實際的，符合世間所需求的。因此，禪與朱子學有不可分離的關係。

由於禪宗有修養工夫而不從事學問研究，則由此產生之弊端便是無學自是以至於狂禪自喜。與此相對的，朱子學則學問研究與修養同時並進而互不相離，其態度公平而弊端亦少。所以隨此一學問之盛行而其勢力亦隨之而增大。故禪宗鑒於徒務修養而不作學問研究，則無法與之抗衡，並且由於他們兩者之間的靈犀相通，於是禪僧亦開始從事學問研究。他們以為朱子學之居敬窮理，窮理盡性，格致誠心，在禪亦有。以為儒家之窮理在禪家為頓悟，儒家之盡性為禪家之見性。因此認為儒、佛不僅不相悖，而且一致，故接受朱子之學。

當日本鎌倉時代五山文學興起時，亦同時開啟宋代理學在日本傳播的契機，經五山禪僧的耕耘，理學不但在德川時代取得正學的地位，也成爲日本哲學界的主流思想。其所以致此者，乃由於五山禪僧在宋代理學東傳後，其思考之方式給予前此墨守漢唐古註之博士之家帶來新觀念的衝激。若從更寬廣之視野觀之，此與理性思想之抬頭，使得日本儒教之倫理活動益發清新活潑，對打破讖緯思想，破除迷信實具重大貢獻。筆者將在此對其發展情形作深入的考察與分析。

第六章〈朱子學之傳布情形與應用情形〉。自從宋儒新說——理學東傳日本以後，經華僧北磵居簡、癡絕道沖、無準師範、蘭溪道隆，及日僧圓爾辨圓、雪村友梅、中巖圓月等之傳播而日益興盛，尤其圓爾，他將《呂氏詩記》、《胡文定春秋解》、《無垢先生中庸說》、《晦菴大學》、《晦菴大學或問》、《晦菴中庸或問》、《論語精義》、《論語直解》、《孟子精義》、《晦庵集註孟子》、《五先生語》等宋儒新著書帶回日本。此一事實對日本理學之發展應有相當之貢獻。由於當時來華留學的日僧多師事北磵居簡、癡絕道沖、無準師範等主張儒、佛一致之名衲，而前往日本弘揚禪教的華僧亦多系出其門下，故他們於赴日、返日之後，亦持儒、佛不二之立場，此一趨勢對日本儒學之發展自然產生影響。上述中、日兩國禪僧或在鎌倉，或在京都弘揚禪教。故他們在傳播中華文化上，除佛門之教理教相外，對宋儒理學之傳布亦自有相當作用。

宋儒以爲人生在追求較高之人生境界，則須先立乎其大者，三愆、三戒、三畏，學養以成人；爲士、爲大人、爲君子。至於交友之道，孔子又有三友與三樂。所謂三友：交正直者，己有過，可以聞而改之，爲友直；交誠實者，己有過，可得其諒解而無後患，爲友諒；交見識廣者，己之愚可得其教而明，爲友多聞；此「益者之三友」。反之，交邪辟者，將習以爲非而離道，爲友便辟；交諂媚者，但見其面而不得其心，爲友善柔；交好口才者，但見其利口而無內容，爲友便佞；此爲「損者之三友」（註五）。所謂三樂，樂，即是好。禮樂爲人之文，其人好節之以禮，和之以樂，爲樂節禮樂；其人好揚人之美德，爲樂道人之善；其人好賢能，爲樂多賢友，即所謂益者。反之，如果好侈辟而不知節制，爲樂驕樂；好遊蕩而不羈，爲樂佚遊；好酒肉而無度，則爲樂宴樂，亦即所謂損者。（註六）華僧大休正念即將孔子教人交友之道，教其弟子如何擇師友。人能齊家，則可以治國。五倫，家得其三——父子、兄弟、夫婦。父慈子孝，宜兄宜弟，夫婦和合。推而廣之，慈者所以使衆，孝者所以事君，弟者所以事長。因此，大休即以孝悌忠信之道爲爲人之根本，以儒家所重視之五倫來教化大家在日常生活中應遵循之禮節。

日僧南化玄與則根據《論語》「吾道一以貫之」之句，爲其俗家弟子取名諱「如心」；景徐周麟則以「忠恕」兩字教誨世人要能忠恕，以盡人之情。所以本章即欲深入探討理學之傳布與其應用情形。至於他們與宋儒不同之見解，亦將於此論述。

第七章〈結論〉。本章將對以上所探討之各問題作簡短的論述，兼言今後研究此一領域之學術所前瞻之方向。

第二節　五山文學研究的概況

所謂五山，就是日本中世的官寺制度所訂禪宗寺院的格式。原爲南宋的官寺制度，而其住持由政府來任命之地位最崇高之五座禪宗寺院。當禪宗東傳日域後亦模仿此種制度，相傳在一二五三年（南宋理宗寶祐元年，日本建長五年）以鎌倉建長寺爲五山之首，但鎌倉時代（一一八五～一三三三）的制度不詳。後醍醐天皇（一三一八～一三三九在位）的建武政權於一三三四年，將一向以鎌倉爲中心的五山改以京都爲本位，且以京都南禪寺爲第一，其下依次爲東福、建仁、建長、圓覺諸寺。迄至一三四二年（元順帝至正二年，日本興國三年、康永元年），室町幕府更改其排列次序爲：第一：建長、南禪，第二：圓覺、天龍，第三：壽福，第四：建仁，第五：東福，並將淨智寺比照東福而給予第五的地位。在此情形之下，便失去五寺之原有意義而成爲寺格。一三八〇年（明洪武十三年，天授六年、康曆二年），分別以鎌倉之建長、圓覺、壽福、淨智、淨妙，及京都之南禪、天龍、建仁、東福、萬壽等十寺爲鎌倉、京都五山。六年後，隨著相國寺之竣工，遂將南禪寺昇格爲五山之上。與之同時，將天龍寺改列爲京都第一，相國寺爲京都第二。其由這些禪宗寺院所引進的漢文學，在室町幕府的保護下，便成爲五山文學而開花結果，給日本的儒學、漢文學研究造成一個新的高峰。

其成爲五山文學之前驅者爲奉元成宗之命，於一二九九年（大德三年，正安元年）持詔東渡招諭日本未歸的舟山普陀山僧一山一寧，與出自其門下的虎關師鍊、雪村友梅，自彼邦之南北朝時代（一三三六～一三九二）起，至室町時代（一三三六～一五七三）前期之間頗爲興盛。其師出虎關之門，赴元學佛東歸後歷住萬壽、建仁、建長諸寺，及師出夢窗疎石之門的義堂周信、絕海中津等僧侶被視爲五山文學之代表人物，而他們無不擅長中國詩文。惟五山文學至室町時代後期，卻隨著足利幕府之權力掃地而式微。

如從五山文學前後約二百五十年的文學觀之變化，則它可析爲前、中、後三期，而其顯著的變化就是由初期禪僧如：希玄道元、夢窗疎石等，他們以禪爲第一，詩文爲世俗人之事而持否定的態度，逐漸趨向於義堂周信等僧侶之持詩文亦爲助道之一個方便之肯定論，而進入中期。迄至後期，横川景三、桂菴玄樹、萬里集九等則竟認爲參詩如參禪而出現詩禪一味論，於是步向肯定詩文之本身。其間，他們所作詩文也由純中國式，亦即其作品由難與中原人士分軒輊者，逐漸變化成爲帶有所謂「和臭」者，後期禪僧景徐周麟所謂：

吾徒習文字語言於中華之體，習禪之餘，著文、賦詩爲山林之樂。然詩文有和臭，字亦入和樣，使中華之人觀之，則皆云其爲閑文字也。（註六）

即可證明這一點。

日域人士在五山文學盛行時期，《三體詩》、《古文珍寶》等書曾被廣泛閱讀，與之同時，他們也多披閱杜子美、蘇東坡、黃山谷等人的集子，並且有不少註釋書——「抄」問世。其蒐集五山文學關係的資料有上村觀光編《五山文學全集》五冊，及玉村竹二編《五山文學新集》七冊。在文學史方面則有上村觀光著《五山文學小史》，北村澤吉著《五山文學史稿》等。茲將日域人士所編、著有關五山文學方面的論著與今可知見編纂書目錄列如下：

甲、專著：

○上村觀光《五山文學全集》〈詩文部〉，前二冊（六條活版製造所出版部，明治三十九年）；後三冊（帝國教育會出版部，昭和十一年）。

○上村觀光《五山文學小史》（裳華堂，明治三十九年，後來收入其所編《五山文學全集》）。

○上村觀光《五山詩僧傳》（民友社，明治四十五年，亦收錄於《五山文學全集》）。

○水田紀久〈五山文學〉（大修館書店，中國文化叢書，九）《日本漢學》，頁八。

○笹川　郎《五山文學研究》（新潮社，日本文學講座，十四、十五）。

○北村澤吉《五山文學史稿》（富山房，昭和十六年）。

○玉村竹二《五山文學——大陸文化紹介者としての五山禪僧の活動》（至文堂，昭和三十年，日本歷史新書）。

○芳賀幸四郎《中世禪林の學問および文學に關する研究》（日本學術振興會，昭和三十一年；思文閣，昭和五十六年，芳賀幸四郎歷史論集，三）。

○安良岡康作《五山文學》（岩波書店，昭和三十四年，《日本文學史》，六）。

○和島芳男《中世の儒學》（吉川弘文館，昭和四十年）。

○山岸德平編《五山文學集．江漢詩集》（岩波書店，昭和四十一年，日本古典文學大系）。

○玉村竹二編《五山文學新集》，七冊（東京大學出版會，昭和四十二～五十二年）。

○蔭木英雄《五山詩史の研究》（笠間書房，昭和五十二年）。

○玉村竹二《五山詩僧》（講談社，昭和五十三年，《日本禪語錄》，八）。

乙、單篇論著：

○岡田正之〈花園帝と漢文學〉《斯文》，三卷五號；四卷一、二、三號，大正十年十月；十一年二、四、六月。

○今關天彭〈五山文學と宋元明の文化〉《書苑》，五卷十號。

○中村一良〈五山文學の一形容〉《歷史と地理》，三十二卷三號，昭和八年九月。

○上村觀光〈五山文學——詩文集〉《五山文學全集》，第五冊，昭和十一年。

○岩橋小彌太〈中世藝文に於ける博士家と禪僧〉《國學院大學紀要》，二號，昭和十五年十一月。

○高須芳次郎〈五山の禪僧が持したる儒學の精神〉《近世日本儒學史》（越後屋書房，昭和十八年），頁一五五。

○安田榮作〈花園上皇の御學風〉《斯文》，二十五卷一號，昭和十八年一月。

○荻須純道〈五山に投影したる中國文化——特に思想について〉《禪學研究》，四十二號，昭和二十六年三月。

〇芳賀幸四郎〈中世禪林における莊子研究——五山文學と近世の學問との關係〉《日本歷史》，四十四號，昭和二十七年一月。

〇芳賀幸四郎〈五山文學の展開とその樣相〉《國語と國文學》，昭和三十二年十月。

〇和島芳男〈中世禪僧の宋學觀〉《魚澄先生古稀記念國史學論叢》，昭和三十三年。

〇市川本太郎〈五山文學〉《日本漢文學史概說》，大安書店，昭和四十四年。

〇安良岡康作〈五山文學〉《國文學解釋と鑑賞》，昭和四十四年三月。

〇中川德之助〈五山の詩文に見る微芒の世界〉《國語と國文學》，四十六卷四號，昭和四十四年四月。

〇小西甚一〈五山詩の表現——雪村友梅と形而上詩〉《文學・語學》，五十八號，昭和四十五年十二月。

〇中村豐隆〈宋元代來朝僧と鎌倉禪——五山文學淵源をめぐって〉《東北福祉大學論叢》，十號，昭和四十六年三月。

〇山岸德平〈五山文學集と江戶漢詩集に就いて〉《日本漢文學究》，有精堂，昭和四十七年。

〇蔭木英雄〈五山文學の源流——大休・無學を中心として〉《國語・國文》，四十一卷七號，昭和四十七年七月。

○蔭木英雄　〈五山文學に於ける金剛幢風——古林清茂・竺仙梵僊・別源圓旨について——〉《關西大學國文學》，四十七號，昭和四十七年九月。

○中川德之助　〈五山の詩文に見る遐想の世界〉《廣島大學中世文藝》，五十號，昭和四十七年十月。

○朝倉　尙　〈禪林における詩會の樣相——友社の場合〉《廣島大學中世文藝》，五十號，昭和四十七年十月。

○蔭木英雄　〈五山文學の和樣化——高峰顯日・規庵祖圓・夢窗疎石について〉《關西大學國文學》，四十八號，昭和四十八年七月。

○芳賀幸四郎　〈禪文學と五山文學〉《日本漢文學史論考》，岩波書店，昭和四十九年。

○島津忠夫　〈鎌倉時代漢詩人の系譜〉《文學・語學》，七十二號，昭和四十九年。

○朝倉　尙　〈禪林における杜甫像寸見〉《岡山大學教養部紀要》，昭和五十年三月。

○大曾根章介　〈中世漢文學の諸相——轉換期における漢文學〉《國文學》，二十卷七號，昭和五十年六月。

由上舉目錄可知，日本學者所爲五山文學研究，大都侷限於個別問題，且都仍有在探討其作品內容之本身問題，鮮有論及其見解與中原人士之異同者，此未嘗不是美中不足處。

就兩岸三地之學者之研究此一領域之學術者，管見所及，似乎僅有以下所錄列筆者之若干篇什與王家驊之論說而已。

○〈《五山文學新集》簡介〉《書和人》，二三七期，民國六十年六月。

○〈元明時代東傳日本的經史子集〉《第一屆中國域外漢籍國際學術會議論文集》，聯合報文化基金會國學文獻館，民國七十六年十二月；後來收錄於拙著《中日關係史研究論集》，二，文史哲出版社，民國八十一年一月。

○《元明時代東傳日本的文獻——以日本禪僧爲中心》，文史哲出版社，民國七十三年八月。

○〈宋代理學之東傳及其發展〉，收錄於拙著《中日關係史研究論集》，三，文史哲出版社，民國八十二年二月。

○〈日本五山禪僧對宋明理學的理解及其發展——以《大學》爲例〉《第二屆中國域外漢籍國際學術會議論文集》，民國七十七年六月；後來收錄於拙著《中日關係史研究論集》，三，文史哲出版社，民國八十二年二月。

○〈日本五山禪僧的中國史書研究〉，收錄於拙著《中日關係史研究論集》，三，文史哲出版社，民國八十二年二月。

○〈日本五山禪僧的三教一致論〉《淡江史學》，五期，民國八十二年六月；後來收錄於拙著《中日關係史研究論集》，四，文史哲出版社，民國八十三年三月。

○〈日本五山禪僧接受新儒學的心路歷程〉《中國與亞洲國家關係史學術研討會論文集》，民國八十二年七月，後來收錄於拙著《中日關係史研究論集》，四，文史哲出版社，民國八十三年三月。

◯〈日本五山禪僧的「仁義」論〉，收錄於拙著《中日關係史研就論集》，四，文史哲出版社，民國八十三年三月。

◯〈日本五山禪僧之《論語》研究及其發展〉《第七、八屆中國域外漢籍國際學術會議論文集》，聯合報文化基金會國學文獻館，民國八十四年十月；後來收錄於拙著《中日關係史研究論集》，六，文史哲出版社，民國八十五年二月。

◯〈日本五山禪僧之《孟子》研究〉《第七、八屆中國漢籍國際學術會議論文集》，聯合報文化基金會國學獻館，民國八十四年十月；後來收錄於拙著《中日關係史研究論集》，六，文史哲出版社，民國八十五年二月。

◯〈日僧中巖圓月有關政治的言論〉《淡江史學》，六期，民國八十三年六月；後來收錄於拙著《中日關係史研究論集》，六，文史哲出版社，民國八十五年二月。

◯〈日本五山禪僧的《易經》研究〉，已在日本福岡召開之第九屆中國域外漢籍國際學術會議中宣讀，民國八十三年十一月；後來收錄於拙著《中日關係史研究論集》，九，文史哲出版社，民國八十八年三月。

◯〈佚存日本的《四書》與其相關論著〉，已在韓國大邱召開之第十屆中國域外漢籍國際學術會議中宣讀，民國八十四年十月；後來收錄於拙著《中日關係史研究論集》，九，文史哲出版社，民國八十八年三月。

○〈日本五山禪僧的三教一致論〉《漢學研究》，十三卷二期，民國八十四年十二月；後來收錄於拙著《中日關係史研究論集》，九，文史哲出版社，民國八十八年三月。

○〈日僧虎師鍊的華學研究〉《國立中央圖書館臺灣分館慶祝創館八十周年紀念論文集》，民國八十四年十月；後來收錄於拙著《中日關係史研究論集》，六，文史哲出版社，民國八十五年三月。

○〈日僧義堂周信的儒學研究〉《淡江史學》，七期，民國八十四年六月；後來收錄於拙著《中日關係史研究論集》，六，文史折出版社，民國八十五年二月。

○〈五山禪林の老莊研究〉《國史談話會雜誌》，三十八號，一九九七年十二月；後來收錄於拙著《中日關係史研究論集》，九，文史哲出版社，民國八十八年三月。

○〈日本五山禪僧的《中庸》研究——以中論、性情論爲中心〉，《淡江史學》，九期，民國八十七年六月；後來收錄於拙著《中日關係史研究論集》，九，文史哲出版社，民國八十八年三月。

○王家驊《中日儒學比較》（東京，六興出版，一九八八年六月）第三、四章。

【註釋】

註一　如據《日本書紀》的記載，王仁曾於二八四年（晉武帝太康五年，日本應神天皇十五年）八月，經由百濟王子阿直岐之推薦，攜《論語》、《千字文》等至日，此爲歷史記載儒學正式東傳日本之始。直至第二次世界大戰結束爲止，一般咸認王仁爲韓人，實則王仁在自述中明白說明：其「先爲王鸞，鸞之後爲王狗，原爲漢高祖劉邦之後裔，至百濟始易姓」。南朝梁武帝勅周興嗣所撰《千字文》，在此時尙未成書，故王仁所攜《千字文》應另有其書。

註二　足利衍述，《鎌倉室町時代之儒教》（東京，有明書房，昭和十五年五月，複印本）。

註三　蔭木英雄，《五山詩史の研究》（東京，笠間書院，昭和五十二年二月）。

註四　芳賀幸四郎，《中世禪林の學問および文學に關する研究》（京都，思文閣，昭和五十六年十月。芳賀幸四郎歷史論集，三）。

註五　《論語》〈季氏篇〉云：「孔子曰：『益者三友，損者三友。友直，友諒，友多聞，益矣！友便辟，友善柔，友便佞，損矣！』」

註六　陳式銳，《唯人哲學》（廈門，立人書報社，民國三十八年一月），頁七四。

第二章　朱子學東傳的緣起

第一節　南宋以前的中國禪宗概觀

中國禪道之興隆，雖在菩提達摩東渡之後；禪觀本爲佛教之共行通法，故實行則不自菩提達摩始。東漢桓帝（一四七～一六七）時，有安息國沙門安世高，誦持禪經，備盡其妙。建和二年（一四八），振錫來至洛陽，譯出《安般守意經》，爲習禪者所依，此爲東土禪數之權輿。（註一）安世高之至洛陽，《歷代三寶紀》以後諸傳，皆持桓帝建和二年說，熙仲著《釋氏資鑑》則謂靈帝建寧三年（一七〇），孰是孰非，猶待考證。

與此同時，月支國沙門婁迦讖，亦來洛陽，於靈帝光和、中平之間（一七八～一八四）傳譯梵文，出《首楞嚴經》、《兜沙經》等，始得開敷大乘佛教之深義，可稱禹域禪教之濫殤。（註二）

此後，支婁迦讖授學於支亮，支亮傳學於支謙。殆與支謙同時，有康居國人康僧會，來吳都建業，化孫權，與大法於江左。康僧會博學多識，其所譯《吳品經》五卷，闡明般若，又譯出《坐禪經》一卷，兼著《安般經注解》一卷，以爲習禪之龜鑑。（註三）

康僧會東遊後數年，有中天竺人曇摩迦羅來魏都洛陽，始布戒律。潁州人朱士行受戒出家，此爲中國沙門之始。朱士行於洛陽講竺佛朔譯《道行經》，蓋東土講經之始。然《道行經》之翻譯，文旨隱幽，難於通曉之處多，乃慨然立志，於魏甘露五年（二六〇）發跡渡流沙，前往于闐國得梵書正本九十章，使弟子持歸洛陽，即《放光般若經》也。（註四）

迄至西晉，有竺法護者，其先人自月支移居敦煌郡。竺法護於西晉武帝之治世（二六五～二八九）慨歎大乘深經之未傳東土，故乃遊學西域，攜回梵本予以翻譯，如：《光贊經》十卷、《修行經》七卷、《正法華經》十卷、《菩薩十地經》一卷、《維摩詰所說法門經》一卷及其他等，對中國禪道之勃興俱有莫大影響。

當竺法護等所譯《禪經》次第流通後，修禪之徒日益增多。中國人之修禪道者，至東晉之世始見其名，而《高僧傳》所記竺僧顯、帛僧光、竺道猷、釋慧嵬等皆屬此時。

菩提達摩圓寂後，慧可傳其法而蘊光年，及東魏建國，在鄴都盛開秘苑。而慧可所示其徒之大要，具《向居士傳》中。慧可傳法三祖僧璨，僧粲傳諸四祖道信，道信傳之於五祖弘忍。弘忍之嫡嗣——六祖慧能，天成禪匠，玄悟超倫。慧能以後，醇厚之禪風一變，而棒喝之機用大行，竹頭接木之語，泛濫禪海。

菩提達摩之正宗，六代遞傳，不失醇一之風，然弘忍以後，純雜相交。曹溪門下龍象甚多，青原行思、南岳懷讓，各成一家。青原之神足石頭希遷，有深遠宏大之思，成爲幽玄之曹洞宗乘之基礎。

南岳之高弟馬祖道一，禪機獨脫，權變無方，成爲活潑縱橫之臨濟禪之權輿。青原、南岳以外，荷澤之神會，永嘉之玄覺，南陽之慧忠，各放一異彩，禪風自別，成爲六祖門下之五大宗匠。（註五）馬祖之嗣百丈懷海，開創禪刹，整頓規矩，促成祖門之獨立。在此情形之下，禪機大行於世，從而平實之語，變爲靈驗之句；方正之行持，變而爲畸行異跡。石頭嫡嗣有藥山惟儼，國子博士李翺，遊其門撰《復性書》三篇，內禪外儒，後世陸王之學，實淵源於此。（註六）

石頭希遷門下非但出藥山惟儼，也還出天皇道悟。道悟之嗣有龍潭崇信，崇信門下有德山宣鑒，宣鑒之下有雪峰義存。由義存門下分出雲門、法眼二宗。與藥山儼同時有圭峰宗密，宗密之禪出自荷澤神會。他廣泛涉獵經論，深探華嚴之賾秘，從而倡導禪教之一致，不但以禪旨判釋佛教，且盡說明萬有。其思想有系統，有組織，理路井然，蓋於有統一的頭腦之點，爲菩提達摩以後第一人。（註七）

衆所周知，唐武宗（八四一～八四六在位）雖於會昌五年（八四五）排毀佛教，但宣宗（八四七～八五九在位）即位後再復興佛教，而俊傑之士多出禪林。如百丈懷海之門人溈山靈祐便是。靈祐繼百丈之法門，以無事爲宗。與靈祐同一時期之另一高僧爲黃檗希運。黃檗之見地高拔時輩，大機大用，最似馬祖道一。其思想超邁而裴休曾譽之爲大禪師。

在百丈懷海輪下，非僅出溈山靈祐、黃檗希運兩位高僧，大慈山寰中、大安、神贊等亦爲一方宗主。唐宣宗曾於大中五年（八五一）召問禪要弘辯。與弘辯同時有德山宣鑑，宣鑑以無事爲宗。

與德山宣鑑同時，其思想亦極相類者爲臨濟義玄。義玄嗣黃檗希運，力說無事休歇，於一念心中認大光明。義玄之門徒稱臨濟宗，爲五派第一，乃中國禪宗之最大者。與義玄同時之洞山良价，行業純密，見解高深，徹底徹頂，拆微闡幽。其所宗，體用宛轉，事理雙明，森羅萬象，見古佛之家風，坐臥經行，蹈絕對之玄路。潛行密用，如愚如魯，而以主中之主爲其要訣。曹洞宗之宗乘，於是乎成。（註八）

此後有長沙景岑、趙州從諗、子湖利蹤、雲居道膺、曹山本寂、寒山、拾得、雪峰義存、玄沙師備、長慶慧棱、鼓山神晏、雲門文偃、羅漢桂琛、法眼文益、天台德韶等高僧輩出，大展宗風。

迄至五代末年，法眼一宗崛起禪界，華嚴圓融之妙諦，成爲禪的思想之中心。圓融流爲混融，遂成禪淨之混同，顯密之習合。入趙宋時代，此一傾向加劇，如永明延壽倡導華嚴禪，同時兼修持咒念佛。與此同時，折衷綜合之風潮彌漫北宋，禪者學教家，教家習禪者，各失其特色，甚至有企圖儒釋之混合者。（註九）在臨濟門下，幸有慈明楚圓，出楊歧方會、黃龍慧南二哲，法燈乃明。而在雲門下，天衣義懷先歸淨業，圓照宗本繼之入於念佛。在曹洞下，投子義青，以華嚴禪鼓吹石頭洞山之宗風，而至長蘆清了乃禪淨兼修，以念佛代公案。就這樣，教禪之混淆，禪淨之習合風靡一代，遂惹起禪道之爛熟。於北宋道學之流行，其源發於儒士之參禪，以陰禪陽儒爲其特色。北宋從建國至其南遷大約一百六十年，此爲禪道爛熟之前期。（註一〇）

臨濟法道至汾陽善昭而呈爛熟之狀，接人機關，說法之要機，宗乘之義門，修證之標準，無一不備。至仁宗之治世，禪匠輩出，恰如春風徐吹，野花自開，慈明楚圓即其第一人。楚圓門下出楊岐方會、黃龍慧南二派，臨濟之道因而盛於一時。

自唐至五代，禪門盛開，名匠輩出，然白衣之參禪得法者龐蘊等數人而已。至宋代，在家居士升祖師之堂奧者不少，楊億、李遵勗、趙抃、富弼、許式、蘇軾、蘇轍、黃庭堅、周敦頤、程顥、程頤等即是。

禪家之思想深深浸潤民心，及名賢之參禪加以碩儒之私淑禪，如周敦頤、程明道、程伊川等以儒、禪爲經緯，組織道學。宋學之淵源發於此，此乃禪法爛熟的影響明顯可見。

當徽、欽二宗爲金人所擄以後，高宗將首都南遷臨安，是爲南宋。由於時潮所激，沉於厭世之淵者多，故禪道愈益爛熟而遂趨頹廢之運。

南宋高宗敬信佛教，孝宗亦染指祖道，問法於佛照、佛海等。帝曾作〈原道論〉，闡明三教一揆之旨。當此之時，曹洞宗有天童正覺，臨濟宗有大慧宗杲，前者倡默照禪，後者鼓吹看話禪，兩者宗乘盛於一時。宗杲有門人張九成，組織黃浦學派，樹儒門一旗幟。曹洞之天童如淨，大倡古風，雖有意改革禪弊，而大勢有所不能。同時有萬松行秀亙金、元二朝，法化熾然，通儒、釋二道，能導人；門下出耶律楚材，振作新豐之眞風。然如徑山無準師範溺於折衷調和之時代思潮，公言儒、釋、道三教一致。在儒門二程以後，因朱熹、陸九淵等禪的思想遂益應用於性理，宋代哲學乃見大成。南宋大約一百五十年，此爲禪道爛熟之後期。（註一一）

當禪道爛熟之後期之南宋孝宗乾道四年（一一六八），日本僧侶明庵榮西到中國學禪，二十年後的淳熙十四年（一一八七），有感於如要復興天台就必須學禪而再度入宋，師事天台山虛庵懷敞，嗣其法後東歸，成爲日本臨濟宗之始祖。榮西之徒希玄道元則於寧宗嘉定十六年（一二二三）西來，師事天童山之長翁如淨而開悟，於理宗寶慶三年（一二二七）回國，在山城（京都）之深草弘揚曹洞宗，成爲日域曹洞宗之始祖。

第二節　王侯儒者之參禪

唐末亙五代，當禪道大盛之際，王侯之皈依者實爲數不少。如：後唐莊宗於興化存獎，南唐王李昇於清涼法眼，楚王馬殷於石門獻蘊，吳越王錢鏐於鏡清道符，錢俶於天台德韶、永明道潛，閩王王審知於雪峰玄沙，南漢王劉隱於靈樹如敏，皆其崇信之深者。（註一二）

迄至宋代，太祖曾目擊周世宗鎔范鎭州之大悲菩薩銅像，鑄爲錢。故及即帝位，遂屢建佛寺，歲度僧人，保護佛教。（註一三）太宗亦重佛法，於其太平興國元年（九七六）詔度普天下之童子十七萬人。且曾令僧人修撰僧史《大宋高僧傳》、《三教聖賢事蹟》、《內典集》、《外學集》等，更於五年召西域之三藏法天等於京師初興譯事，令童子五十人習梵書，以培養譯經人材。七年，則於東京太平興國寺西側建譯經院，以宰輔爲譯經潤文使，設官分職，使西天中印度蒽蘭陀羅國密林寺天息災三藏與法天施護等從事翻譯，太宗親制〈大宋新譯三藏聖教序〉。（註一四）太宗之後，仁宗亦曾參學禪道而與廣慧元璉之嫡嗣道隆結一段法緣。

當時不僅帝王參禪，人臣之參禪者亦復不少。《釋氏稽古略》卷四記載仁宗時大儒李覯之由排佛轉變為向佛之事云：

李覯，字泰伯，盱江人，時稱大儒。至是皇祐二年（一〇五〇），范文正公以表薦之，就門除一官，復差充太學說書，未幾而卒。泰伯初著《潛書》，力於排佛。明教大師〔契〕嵩公攜所著《補教編》謁之辯明，泰伯方留意讀佛經，乃悵然曰：「吾輩議論尚未及一卷《般若心經》，佛道豈易知耶？」其門下士黃漢傑者，以書詰其然。泰伯答之，曰：「民之欲善，蓋其天性。古之儒者用於世，必有以教導之。民之耳、目、鼻、口，心知百體皆有所主，其異端何暇及哉。後之儒者用於世，則無以教導之。民之耳、目、鼻、口，心知百體皆有所主，舍浮圖何適哉」！

仁宗之後為英宗，英宗之後為神宗。神宗祖道全為門外漢。然如趙抃、富弼等朝臣之參禪者日益加多，以至對宋代思想上發生重大影響。

自唐至五代，禪門盛開，名匠多輩出，然白衣之參禪得法者僅有龐蘊等數人而已。惟至宋代，在家居士升祖師之堂奧者不少，如楊億、李遵勗、趙抃、富弼、許式、蘇軾、黃庭堅等是。

當禪家之思想深深浸潤民心，名賢之參禪加以碩儒之私淑禪，中國禪道便益發隆盛。衆所周知，宋代道學淵源於周敦頤。關於敦頤之參禪，《居士分燈錄》卷下云：

周敦頤，字茂叔，舂陵人，初見晦堂（心），問教外別傳之旨。心諭之曰：「只消問你自家屋裏打點。孔子謂：『朝聞道，夕死可矣』，畢竟以何爲道，夕死可耶？顏子不改其樂，謂樂何事？但於此究竟久久，自然有個契合處」。

《佛法金湯編》卷一二則云：

佛印住鸞溪，敦頤謁見，相與講道。問曰：「天命之性，率性之道，禪門何謂無心是道」？師曰：「疑則別參」。公曰：「參則不無，畢竟以何爲道」？師曰：「滿目青山一任看」。公有省，一日忽見窗前草生，乃曰：「與自家意思一般」。以偈呈師曰：「昔未不迷今不悟，心融境會豁幽潛。草深窗外松當道，盡日令人看不厭」。師和曰：「大道體寬無不在，何物動植興蜚潛。行觀坐看了無礙，色見聲求自討厭」。

《宋元學案》卷一二更云：

《性學指要》謂元公（敦頤）初東林總（總疑爲聰）遊，久之無所入，總教之靜坐，月餘忽有得，以詩呈曰：「書堂兀坐萬機休，日暖風和草自幽。誰道二千年遠事，而今只在眼睛頭」。

由上舉數則文字觀之，茂叔之於禪有所得，實不待言。

受學於周敦頤的程顥、程頤昆仲受禪之影響亦不少。程顥〈傳〉云：

（顥）十五六歲與弟伊川受學濂溪，即慨然有爲聖賢之志。嘗自言：「再見茂叔後，吟風弄月，有吾與點也意」。

《佛法金湯編》卷一二則云：

程顥嘗曰：「佛說光明變現，初莫測其旨，近看《華嚴論》，恰說的分曉，盡是約諭應機破惑，名之爲光，心垢解脫；名之爲明，只是喻自心光明，便能教化得人。光照無盡世界，只在聖人一心之明，所以諸經之先皆說〈放光〉(雲蓋寺石刻)。公每見釋子讀佛書，端莊整肅，乃與學者曰：「凡看經書，必當如此。今之讀書者，形容先自怠惰了，如何存主得(《性學舉要》)」？明道先生一日過定林寺，偶見衆入堂，周旋步武，威儀濟濟，伐鼓考鐘，外內肅靜，一坐一起，並準清規。公歎曰：「三代禮樂，盡在是矣」。

由此觀之，明道之曾讀禪道關係佛書，可以無疑。

程顥弟頤，居河南伊水上，故稱伊川。頤曾學禪而其言行亦近禪，故其作文、注書多取佛祖辭意。

《歸元直指集》卷下云：

《嘉泰普燈錄》云：「程伊川、徐師川、朱世英、洪駒父，咸問道於靈源禪師，故伊川之作文、注書多取佛祖辭意。……或全用其語，如《易傳》序體用一源，顯微無間。……周、程取佛語多類此也」。

程門昆仲不僅他們本身學佛，其門人亦多歸佛。〈楊時傳〉云：

伊川自涪歸，見學者雕(凋)落，多從佛學，獨先生(游酢)與謝上蔡(良佐)不變。因歎曰：「學者多流於夷狄矣。惟有楊、謝長進」。

程頤既有此歎，可見其門人之學禪者必多，如游酢與謝良佐、楊時共爲程門鼎足，而亦入於禪。

北宋士人之參禪者外，白雲守端之門有郭祥正，上藍順之門有蘇轍，圓通旻之門有范致虛、吳居厚、彭汝霖等，草堂清之門下有韓駒、劉安世。如李綱，雖不參禪，但能得儒釋之旨，明二教之調和，可見禪之影響及北宋之思想界，及當代思潮之趨向。

由於金人一再入寇，北宋國勢，愈益式微，二帝失守，宋室不堪其壓迫，遂不得已南遷，是爲南宋。時潮所激，沉於厭世之淵者多，禪道益爛熟而趨頹廢之運。

南宋高宗敬信佛教，孝宗亦染指祖道，問法於佛照、佛海等。高宗曾自作〈原道論〉，明儒、釋、道三教一揆之旨。士大夫之參大慧宗杲者極多，而以張九成最著。九成於禪造詣深，故〈心傳〉云：

或問：「《六經》與人心所得如何」？曰：「《六經》之書，焚燒無餘，而出於人心者常在，則經非紙上語，乃人心中理耳」。（註一五）

此從禪之不立文字得來。又：

仁即是覺，覺即是心。因心生覺，因覺有仁，脱體是仁，無覺無心。（註一六）

以覺解仁，是九成繼明道〈識仁〉篇後之創見。

此一時期之參禪儒者除張九成外，尚有李邴、李光、呂本中等較著，邴著有《草堂集》一百卷，本中則有《春秋解》、《童蒙訓》、《師友淵源錄》行於世，學者稱東萊先生。《大慧普覺禪師書》錄有〈答呂舍人書〉三篇。

當寧宗與理宗之治世，曹洞門下出兩大宗匠——天童如淨與萬松行秀。前者惡拳痛棒，陶冶學人，放言縱談，痛斥時弊，熾然倡逸格之眞風，見處高邁，振無畏之辯，如蒼松之吟風。後者精通儒、釋二教，出入金、元二朝，受王臣之歸嚮。

與萬松行秀同時，徑山有無準師範，開化門於南宋，揭圜悟克勤之法燈，照離亂之暗冥。師範就禪道有明確思想，故云：

> 大道之源，萬物之母，虛空莫能喻其廣，蒼溟未足較其深，可以昭日月之明，可以益山河之固。量包眾善，體育群靈，德敷寰宇，猶春在百花，明贊政機，如鏡臨萬象。一周事畢，不守故常，得意生身，隨方任運。（註一七）

無準師範非但以大道之源爲群靈之本，衆善之淵，且以之爲活物，比於青帝之生百花，大得吾人之意。（註一八）又，師範信三教一致之旨，與當時思潮並無兩樣，故云：

> 三教聖人，同一舌頭，各開門户，鞠其旨歸，則了無二致。（註一九）

南宋俗士之參禪者，除前舉者外，如參政錢端禮之於護國景元，侍郎李浩之於天童曇華，侍郎張磁之於天同咸傑。且大儒朱熹受二程以後禪之影響，而大成道學。如陸九淵殆融禪儒立一家之學，以至爲王守仁之先驅。

朱學之本周、程，已有定論，《宋元學案》卷四八云：

> 朱子之學本之李延平，由羅豫章而楊龜山而程子而周子。自周子有主靜立極之說，傳之二程。

後羅、李二先生專教人默坐澄心，看喜怒哀樂之未發時作何氣象。朱子初從延平遊，固嘗服膺其說，已而又參以程子主敬之說。

晦菴嘗云：

熹舊時亦要無所不學，禪道文章、《楚辭》、《詩》、《兵法》，事事要學。一日忽之曰：「且慢，我只一個渾身，如何兼得許多」。（註二〇）

由此可知晦菴曾經廣泛涉獵各類圖書而亦涉及禪學關係者。《居士分燈錄》卷下記晦菴之參禪學云：

熹嘗致書道謙（大慧宗杲之嗣）曰：「向蒙妙喜（大慧）開示，從前記持文字，心識計較不得置絲毫許在胸中，但以狗子話時時提撕，願投低語，警所不逮」。謙答曰：「某二十年不能到無疑之地，然忽知非勇猛直前，便是一刀兩段，把這一念提撕狗子話頭，不要商量，不要穿鑿，不要去知見，不要強承當」。熹於言下有省，有齋居誦經詩曰：「端居獨無事，聊披釋氏書。暫息塵累牽，超然與道居。門掩竹林幽，禽鳴山雨餘。了此無爲法，身心同晏如」。

《佛法金湯編》卷一五則云：

師（道謙）卒，公（朱熹）祭以文，略曰：我昔從學讀《易》、《語》、《孟》，究觀古人所以聖，既不自揆，欲造其風，道絕徑塞，卒莫能通。下從長者問所當務，皆告之言要須契悟之語不出於禪。我於是時則願學焉。師出仙洲，我寓潭上，一嶺間之，但有瞻仰。丙寅之秋，師來拱辰，乃獲從容笑語，日親一日，焚香請問此事。師則有言決定不是。始知平生浪自苦辛，去道日遠，無所問津。未及一年，師以謗去，我以行役不得安住。往返之間，見師者三，見，必款留。朝夕咨參，師亦喜爲我說禪病，我亦感師，恨不速證。別其三月，中秋一書，已非手筆，知疾可虞。前日僧來，爲欲往見。我喜作書曰：「此良便」，書已遣矣。仆夫遄言同舟之人告以訃傳，我驚使呼問以故。於乎痛哉，何奪之遽。恭惟我師具正遍智，惟我未悟，一莫能窺，揮金辨供，泣於靈位，稽首如空，超諸一切。

由上舉文字觀之，晦菴曾爲學禪而下不少功夫，因此，《大慧普覺禪師語錄》〈序〉所謂：

朱文公少年不樂讀時文，因聽一尊宿說禪，直指本心，遂悟昭昭靈靈一著。十八歲請舉時，從劉屏山，屏山意其必留心舉業。既披其篋，只《大慧語錄》一帙爾。

當可作此一事實之佐證。

陸九淵之學，遠受唐之李翺，近繼北宋周、程。彼云：

吾自六歲讀書，但爲辭句之學，志於道者四年矣。與人言之，未嘗有是我者也。南觀濤江入於越而吳興，陸參存焉。與之言，陸參曰：「子之言尼父之心也，東方有聖人焉，不出乎此也；西方有聖人焉，亦不出乎此也」。（註二一）

此當係效李翺〈復性書〉而發之之言。

那麼，朱、陸二人之學風有何不同？黃宗羲云：

（陸九淵）先生之學以尊德性爲宗，……紫陽（朱熹）之學則以道問學爲主。……兩家之意見既不同。……先生和詩亦云：「易簡工夫終久大，支離事業竟浮沉」，紫陽以爲譏己不懌，而朱、陸之異益甚。於是宗朱者詆陸爲狂禪，宗陸者以朱爲俗學，兩家之學各成門户，幾如冰炭矣。（註二二）

又引謝山之碑文云：

予嘗觀朱子之學出於龜山，其教人以窮理爲始事，積集義理，久當自然有得。至其所聞所知，必能見諸施行，乃不爲玩物喪志，是即陸子踐履之說也。陸子之學近於上蔡，其教人以發明本心爲始事，此心有主，然後可以應天地萬物之變。至其束書不觀，遊談無根，是即朱子講明之說也。斯蓋其從入之途，各有所重。至於聖學之全，則未嘗得其一而遺其一耳。（註二三）

亦即朱子之學在於漸修而有如神秀之禪，陸子之學在頓悟心源而有如慧能之禪。

宋學的成立背景與其特性既如此，其作爲實修的居敬窮理與禪之打坐見性又有一脈相通之處，故它使禪僧易於理解，且能使他們有親近感而容易接受。另一方面，中國士大夫之受禪之影響者亦復不少，而他們之將禪思想表現於其作品上，乃自然趨勢。因此，下文擬探討禪對中國文學所造成的影響情形。

第三節　禪與中國文學

陸王心學與程朱理學同爲宋明儒學相對峙的兩系，它們分別從不同方面將儒家的內聖之學推向了巔峰。宋明儒學能走上這一步，一方面出於鞏固後期中國封建秩序的現實需要，另一方面則在於吸收改造釋道兩教，以其本體論、認識論的理論成果爲材料，建構細密嚴謹的思想體系，實現孔孟傳統的再建。就摭取佛教而言，心學與理學二系所受佛教的影響還有唯識、華嚴，固不限於禪宗，不過影響最深最大者，又非禪宗莫屬。（註二四）

王陽明有個綱領性口號：「致良知」。此良知應是源於《孟子》〈盡心上〉所謂：

> 人之所不學而能者，其良能也；所不慮而知者，其良知也，孩提之童，無不知愛其親者，及其長也，無不知敬其兄也。

王陽明在其《傳習錄》有如下一段話謂：

> 先生曰：「你看這個天地中間，甚麼是天地的心」？對曰：「嘗聞人是天地的心」？曰：「人又甚麼叫做心」？對曰：「只是一個靈明」。「可知充天塞地，中間只有這個靈明。人只爲形體間隔了。我的靈明，便是天地鬼神的主宰。……天地鬼神萬物，離卻我的靈明，便沒有天地鬼神萬物了。我的靈明，離卻鬼神萬物，亦沒有我的靈明。如此便是一氣流通的，如何與他間隔得」？

陽明此語與禪宗本體論無二致。禪以本心規定客觀外物的本質，否認實在有此岸與彼岸的區分，此岸即彼岸，彼岸即此岸，他們只是一個世界，並非兩個世界。這個世界就是「心」，或自性、人性，也就是佛性。它是一元的，本自具足的絕對本體。（註二五）陽明復提出「大人之心」與「小人之心」的分別。他認爲個體之心亦即「天地之心」，乃心之本性。一切人，無論善惡、大人、小人，在根本上都有此心。所以分「大人之心」與「小人之心」，在於是否爲私欲所蔽。不爲私欲所蔽，能以天地萬物爲一體，即「大人」；爲私欲所蔽，與天地萬物分隔疏離，即「小人」。（註二六）「人心是天淵，無所不賅。原是一個天，只爲欲障礙，則天地之本體失了。……將此障礙窒塞一齊去盡，則本體已變，便是天淵了」。（註二七）這也就如他所說：「我的靈明，離卻天地鬼神萬物，亦沒有我的靈明。如此便是一氣流通的，如何與他間隔得」。心與天「一氣流通」源於禪，而禪的心爲宇宙之本體又源於孟子。（註二八）

陽明又認爲心有「人心」與「道心」。雜私欲者爲「人心」，不雜私欲者爲「道心」，「道心」即天理。「人心」得其正爲「道心」，「道心」失其正爲「人心」；去私欲即去過分之欲，是爲「正心」（意誠），即返於「天理」（明德之境）。（註二九）

朱熹訓「格」爲「至」，格物即使心直接「至」於事物；王守仁則「正」，格物即去過分之欲，使事物歸於「正」，而以「良知」認識之；此處兼取「感應」之義，蓋障礙既去，心自能正常直接感應於事物而認識之。格物致知，爲正心之功夫。其程序：物格而後知至，知至而後意誠，意誠而後心正，心正而後身修。（註三二）

聖人致知之功，至誠無息。其良知之體，皦如明鏡，略無纖翳。妍媸之來，隨物見形，而明鏡曾無留染；所謂情順萬事而無情者也。「無所住而生其心」，佛氏曾有是言，未爲非也。明鏡之應物，妍者妍，媸者媸，一過而不留，即是無所住處。（註三三）

以「明鏡」喻「心」，乃禪門慣用的手法，禪僧說：

眞如自性起念，六根雖有見聞覺知，不染萬境，而眞性常自在。（註三四）

王守仁則說：「妍媸之來，隨物見形，而明鏡曾無留染；所謂情順萬物而無情者也」。「情順萬物而無情，即龐居士『但自無心於外物，何妨萬物常圍繞』之意。亦即提出《金剛經》所謂「無所住而生其心」，而以「一照而皆眞」釋「生其心」，以「一過而不留」釋「無所住」，分別從兩方面概括了禪宗「無心」的要旨——動靜合一。（註三五）

程、朱、陸、王等儒者對禪的見解既如此，則禪對他們所作文章，自然會產生重大影響，此乃自然趨勢。就唐代文學言之，亦復如此。茲以王維、孟浩然、韋應物等人爲例論述如下：

1. **王維：**

王維，字摩詰（註三六），山西太原祁（今山西祁縣）人。王維在世時正逢六祖慧能和北宗神秀晚年與圓寂後不久，「南能北秀」向南宗君臨天下的過渡時期；與南宗大師神會是同時代人。據〈請施莊爲寺表〉的記載，王母崔氏「師事大照禪師三十餘歲，褐衣蔬食，持戒安禪，樂住山林，志求寂靜。」（註三七）則王維必受乃母篤信禪宗之影響而皈依禪教。據史乘的記載，王維篤信禪宗始於唐玄宗開元十七年（七二九），拜大薦福寺道光禪師爲師。

王維的詩作中不乏頌禪、參禪者，例如〈苦熱〉云：

赤日滿天地，火雲成山岳。草木盡焦卷，川澤皆竭涸。輕紈覺衣重，密樹苦蔭薄。莞簟不可近，絺綌再三濯。思出宇宙外，曠然在寥廓。長風萬里來，江海蕩煩蟲。卻顧身爲患，始知心未覺。忽入甘露門，宛然清涼熱。

乍看起來，這首詩是在描寫盛夏的苦熱難耐，其實是隱言自己希望出世，頓入空門。心未悟時雖覺苦熱，而心一旦開悟，則苦熱將變爲清涼。又如〈春日上方即事〉云：

好讀高僧傳，時看辟谷方。鳩形將刻杖，歸殼用支床。柳色春山映，梨花夕鳥藏。北嵩桃李下，閑坐但焚香。

此言其參禪、坐禪的生活。

衆所周知，王維的《輞川集》是他最具禪學思想的名作，其第一首〈孟城坳〉云：

新家孟城口，古木餘衰柳。來者復爲誰，空悲昔人有。

所謂輞川，就是輞川別業，乃王維向宋之問買來的，位於終南山的一座別墅。此詩言自己在孟城口的新家原爲宋之問所有，將來它到底屬於誰？對自己來說，這一切都是空的。此係他談空無的詩，亦即在表達禪學的空無思想。

既然世之相是空的，自身的一切也是空的，那麼就要「無念」，其表現無念的詩〈酬張少府〉云：

晚年惟好靜，萬事不關心。自顧無長策，空知返舊林。松風吹解帶，山月照彈琴。君問窮通理，漁歌入浦深。

所謂「窮通」，就是窮困和通達，所謂「不關心」亦即「無念」，此當係表達六祖慧能「無念為宗，無相為體，無住為本」者。

2.**孟浩然**：

孟浩然，襄州襄陽（今湖北襄陽縣）人。他與王維一樣受禪學影響，其〈陪姚使君題惠上人房〉云：

帶雪梅初暖，含煙柳尚青。來窺童子偈，得聽法王經。會理知無我，觀空厭有形。迷心應覺悟，客思未遑寧。

由詩中所言看佛像，聽佛經，可知他不僅參佛事，且對禪理亦有領悟。或許因他屢應進士舉不第，故有歸隱之志。其〈李氏園林臥疾〉云：

我愛陶家趣，林園無俗情。春雷百卉坼，寒食四鄰清。伏枕嗟公幹，歸山羨子平。年年白社客，空滯洛陽城。

這首詩的意思是說，他非常喜歡陶淵明的一片眞趣，陶氏林園毫無俗氣。此處春天萬千花苞爭綻，寒食節時四鄰不食煙火，清寒異常。他可不要像劉楨（字公幹）那樣，因平視甄夫人而見殺，還是如向長（字子平）那樣好，一退引便免了一切是非爭端，不測災禍，從此不必年年去洛陽「白社」作客，「空滯洛陽城」。（註三八）

孟浩然的歸隱是歸於禪，其〈臘月八日於剡限石城寺禮拜〉詩云：

石壁開金像，香山倚鐵圍。下生彌勒見，回向一心歸。竹柏禪庭古，樓臺世界稀。夕嵐增氣色，餘照發光輝。講席邀談柄，泉堂施浴衣。願承功德水，從此濯塵機。

由此當可知，孟浩然之歸隱是歸於禪，並且由此得知，他從事聽經等禪事活動，一心向禪的情懷。

3. 韋應物：

韋應物，長安人。歷任三衛郎、洛陽丞、京兆功曹、高陵令、鄠縣令、尚書郎、江州刺史、左司郎中、蘇州刺史等職。一生爲官，享盡了榮華富貴。在他仕宦生涯裏，曾幾次辭官，均暫居佛寺，據說他曾從恒粲學過禪學。（註三九）辛文房說他：

爲性高潔，鮮食寡欲，所居必焚香掃地而坐，冥心向外，……罷居永定，齋心屏除人事。（註四〇）

由於他內心向佛，且不止一次的居住佛寺，更與名詩僧皎然有來往，故其所作詩篇之有關歸隱或詠禪者不少。如據《全唐詩》的記載，則韋應物被該書所錄五百九十一首詩中，約有六分之一表達其求隱歸禪之情。例如：

○尚瞻白雲嶺，聊作負薪歌。（〈野居書情〉）

○獨無外物牽，遂此幽居情。（〈居〉）

○鳴鐘驚岩壑，焚香滿空虛。（〈寄皎然上人〉）

○方愛淄衣子，瀟灑中林行。（〈秋景詣瑯琊精社〉）

○曹溪舊弟子，何緣住此山。（〈詣西山深師〉）

○道場齋戒今初服，人事葷羶已覺非。一望嵐峰拜還使，腰間銅與心違。（〈紫閣東林居士叔緘賜松英丸捧對忻喜蓋非塵侶之所當輒獻詩代啓〉）

《全唐詩》評韋詩「閑淡簡遠，人比之陶潛，稱陶韋云。」（註四一）由於他們兩人的風格不盡相同，故將韋詩比擬陶詩的評語雖未必十分中肯，惟就清淡簡遠這點言之，卻有其相同處。

4. 蘇軾：

多才多藝的蘇軾或許因其仕途坎坷，屢遭斥黜遷謫，故在其詩文中往往表達出一種歸隱、出世、遁世的心緒。雖然如此，實際上，他既未曾歸隱，也未曾遁世、出世，更未曾皈依禪門。但他看到儒、釋兩教的一致性。其〈祭龍井辯才文〉云：

孔、老異門，儒、釋分宮，又於其間，禪、律相攻。我見大海，西北南東，江河雖殊，其至則同。

蘇軾的儒、釋兩教一致論，與上述外儒內釋的說法並無二致。這種見解，在當時可能具有相當的普遍性。

宋人林逸民曾說：

學詩如學禪，小悟必小得，仙要積功，禪要頓教，譬之卷帘見道，滅教明心，是所謂一超直入者。固有八十行脚如趙州，白髮再來如五祖，而善財童子，臨濟少年，樓閣一見，虎鬚一捋，直與諸子齊眉，是豈可以齒論哉。抑彼宗之法，又有曰善自保任者，有曰長養聖胎（註四二）者，以吾儒論之，被褐而懷，韞櫝而沽，韜而不耀，闇而日章，是則保任長養之道也。（註四三）

詩人了悟持道，歸於大成之後，機觸即發，並不招搖自炫，以期實至名歸，闇而日章，頗似禪家的保任之功和長養聖胎。惟就蘇軾言之，要他完全以禪家立場、態度、方法爲詩，未必可能，因爲他只能說是帶髮修行的居士。雖然如此，蘇詩確曾得禪助而擴大了題材，提高了意境，增益了表現方法。（註四四）例如：

鐘鼓江南岸，歸來夢自驚。浮雲時事改，孤月此心明。雨已傾盆落，詩仍翻水成。二江爭送客，木杪看橋橫。（註四五）

由於詩的意境高妙，所以胡仔在《苕溪漁隱叢話》裏稱道：

東坡嶺外歸，其詩云：「浮雲時事改，孤月此心明」，語言高妙，如參禪悟道之人，吐露胸襟，無一毫窒礙。

蘇軾之有此超脫世俗的胸襟，就如當他被貶謫黃州時，與其堂兄弟之尺牘所言：

吾兄弟俱老矣，當以時自娛，世事萬端，皆不足介意。所謂自娛者，亦非世俗之樂，但胸中廓然無一物，即天壤之內，山川草木蟲魚之類，皆是供吾家樂事也。（註四六）

只因他已經能夠將宦途的升降黜陟看得開，能夠樂天，突破了憂患得失的內心束縛，方纔到達此一境界，亦即他受到禪宗精神薰染、滋潤，與天地同流，和自然同在，所以「處處得逢渠」。

中國的著名文人們既已受到禪宗影響，將此影響表現於其文學作品上，則日常與一般儒者有來往的僧侶之亦會受其影響，乃自然趨勢。因此，下文擬就此一問題進行探討。

第四節　中國禪林的儒學觀

中國文人接受佛教的契機，是魏晉玄學的興起。魏末正始中，何晏、王弼祖述《老》、《莊》，而玄學就是儒學的老莊化。至於晉代，玄學形成了一代風氣，名士們競談虛無，並發現了玄學與佛教初傳時的大般若相似處。在此情形之下，玄學家以佛教來豐富自己，佛學家則依附玄學發展自己的「般若」理論，從而使釋子與文人大大改變了漢魏時期相互隔離的局面。（註四七）

迄至東晉，士大夫崇佛已相當普遍，而僧人之與名士交往者亦復不少。由於思想與生活情趣上的同調，遂導致文學上的同步。當時在文壇上玄言詩頗爲盛行，詩的言玄與佛家言空有一致性，於是那些擅長詩文的高僧覺得這種詩正是闡揚禪機佛理的方便工具，很自然的衝破了將詩視爲「外學」的桎梏，以詩言起佛來。（註四八）職此之故，佛教東傳，與「道」融和，促使文人與釋子攜手，玄詩與禪機相接，形成了詩僧產生的內在機制與外在動力。

六祖慧能法系的禪宗五大派系——潙仰、臨濟、曹洞、雲門、法眼，傳衍至宋代，又從臨濟門下分化出黃龍、楊岐兩派，合稱「五家七派」。禪宗依據禪定，以體悟得教外別傳與不立文字之諸佛心印爲其宗旨，且將佛陀之教大別之爲禪、教二門，傳示自家之長。在有宋一代，禪宗禪、教一致的思想益形顯著。其間雖有過禪徒學究天台、華嚴，或與儒學、老莊多所關涉，卻始終未改變其禪佛的立場，而企待一超直入如來地的頓悟之法，乃訴諸揚眉瞬目、舉拳棒喝等禪機，作爲以心傳心，禪之極限的捷便手段。（註四九）

禪宗的宗風是「教外別傳，不立文字」，此種宗風，與佛教重三世因果，重功德修持，又由禮佛、誦經、從師以求道得法之常道大不相同，而宣稱反求諸己「直指人心，見性成佛」。佛教注重文字，以文字爲般若，經、論、律浩如煙海，禪宗反對，不屑於此，表示另有傳授。禪祖師之所以否定文字的功用，在於他由世俗的觀念出發，認爲文字不能超越萬有、傳達以至承載至微至高的妙道。這就如蘭溪道隆之《大覺禪師遺誡》所謂「參禪學道者，非四六文章，宜參活祖意，莫念死話頭」似的，「如其醉心於外書，立業於文筆者，此是剃頭俗人也，不足以作下等。」（註五〇）如從標榜「教外別傳，不立文字」之禪原有之立場言之，他們之說這種話固爲理所當然之事，但禪宗是在重視文字的中國，並且又是以愛好學問的士大夫知識階層爲其主要支持者而發展的，非常中國式的佛教，所以從唐代開始，其內部便已興起以偈頌爲中心的宗教文學。非僅如此，這種傾向至宋代而更形顯著，尤其到了南宋，編纂、刊行了許多禪僧們的詩文集——外集，而從南宋至元代之間，以文筆著稱的禪僧輩出。在南宋時代，其成爲中國禪宗之主流的是禪的五家七宗——潙仰、臨濟、曹洞、雲門、法眼五宗，與從臨濟宗分派的楊岐、黃龍二派的七宗裏的臨濟楊岐派。及至此楊岐派之圜悟克勤門下出了大慧宗杲與虎丘紹隆兩位高徒，楊岐派又分爲兩派。大慧派雖在南宋初期頗爲繁盛，惟至末年，虎丘派卻以徑山萬壽寺爲始之諸大官寺，亦即以所謂五山、十剎爲中心而繁榮。更有進者，虎丘派的密庵咸傑會下出現破庵祖先、松源崇岳、曹源道生等而分爲三法系。破庵派在擁有無準師範與其法嗣環溪惟一、無學祖元、兀庵普寧、雪巖祖欽，及無準之法弟石田法薰等以文筆著稱的名僧而興盛，松源派也因擁有運庵普巖、虛堂智愚、蘭溪道隆、虛舟普度、橫川如珙、石溪心月、古林清茂等名衲而從南宋末期至元代之間居於大陸禪界之王座。由於他們既是傑出的禪僧，而且在以偈頌爲中心的文學方面也都有非常卓越的表現，尤其古林清茂與其法嗣了庵清欲在文學方面更是著稱一時。並且當時前往日域的禪僧多屬此兩派，而日僧之至中國學禪者，亦大都師事此兩派之門。職此之故，其尊重法語和偈頌的南宋、元代之中國禪林之風潮之以強烈影響傳至扶桑，應可謂爲一種必然的現象。（註五一）

當日僧不可棄俊芿至中國學佛東歸後，至日域弘揚禪教的華僧有系出北磵居簡之蘭溪道隆、無學祖元、癡絕道沖、兀庵普寧、一山一寧等，他門俱屬臨濟宗。其中，北磵與癡絕二人對朱子學的造詣尤深，而日本禪僧之朱子學之受此二師之薰陶者甚夥，故他們在彼邦儒學史上所居地位既崇高，其影響亦甚大。

首先就北磵居簡言之：北磵，名居簡，字敬叟，潼川人。俗姓龍，其家世世以儒爲業。北磵原亦習儒，此可由無準師範《無準語錄》，卷三，〈小參〉所言：「棄儒服，著佛衣」，獲得佐證。嗣大惠宗杲之法，出世台州般若寺，轉報恩寺，尋庵居飛來峰北磵，前後十年，道風甚盛，世稱北磵禪師。後來奉朝旨，所在振興法鼓，淳祐六年（一二四六）圓寂，年八十三。著有《北磵文集》、《北磵外集》、《北磵詩集》、《北磵語錄》等。其《外集》與《語錄》於明洪武三年（應安三年，一三七〇），《文集》《詩集》則於七年，爲日僧古巖及其徒周楨所重刊。

北磵歸佛門後，與碩儒錢竹巖、葉冰心、魏鶴山？眞西山等人交遊而頗受他們之推崇。鶴山、西山俱爲當時之理學大儒，而北磵對鶴山可謂推崇備至，此可由其《文集》卷一〇所錄〈祭魏鶴山文〉得而知之，而北磵之朱子學，似從鶴山所得者爲多。（註五三）

北磵不僅對儒、釋兩教的造詣深，而且懷有它們兩者一致之思想。曰：

大乘之書五部，咸在釋氏，所以破萬法者也。爲《詩》，爲《書》，爲《禮》，爲《易》，爲《春秋》，則聖人所以妙萬法者也。初以《般若》破妄顯眞，則《詩》之變風變俗也；次以《寶積》顯明中道，則《書》之立政立事也；次以《大集》破邪見而護正法，則《春秋》明褒貶，顯列聚，大中之道也；次以《涅槃》明佛性，神德行，則《中庸》之極廣大而盡精微也；次以《法嚴》圓融理事，則《易》之窮理盡性也。（註五四）

此言大乘佛教的五部經典與儒家《五經》之旨意一致，以斷言此兩教之一致。值得注意的是他以《中庸》代表《禮記》，言極廣大而盡精微；言《周易》爲窮理盡性之書；言《春秋》爲大中之道；這很明顯的是朱子之學，表明他受朱子學之影響相當深。無準師範評之曰：

橫說豎說，巧說直說，浩浩然流布於人間。云云。使四方學者莫知其爲儒耶？其爲釋耶？（註五五）

次言癡絕道沖。癡絕，名道沖，字癡絕，武運（浙江省）人。俗性苟。臨濟宗僧侶。初參薦福寺之松源崇岳，後來在妙果山之曹源道生處悟玄旨而嗣虛丘之法。遍歷叢林，於嘉定十二年（一二一九）出世嘉興（浙江省）天寧寺；移華山、蔣山。嘉熙三年（一二三九），遷福州雪峰山；奉勅住四明（浙江省）天童山，兼育王。淳祐四年（一二四四），住杭州靈隱寺。九月，因京兆尹之皈依而開吳興（浙江省）法華寺。淳祐五年（一二四五）示寂，年八十二。著有《癡絕道沖禪師語錄》，在日本南北朝時代（一三三六～一三九二），已爲彼邦人士所重刊。

如據史乘的記載，癡絕少時曾習進士之業，則由此可知他自幼習儒，並且由其言論可知其爲對朱子學有造詣之儒僧。論心曰：

大哉心乎，巨無不周，細無不入；增不爲贅，減不爲虧。默爾而自運，寂然而善應。不疾而速，不行而至。方體不能拘，度數不能窮，昭昭然在日用之中，而學者不得受用者無他，蓋情想汨之，利欲昏之。細則爲生住異滅所役，麤則爲地水火風所使，忘己逐物，棄眞取僞，卒於流蕩不返者，舉世皆是。儻能去心之蔽，復性之本，於日用之中，明見此心，則情想利慾，生住異滅，地水風火，皆爲吾之妙用。（註五六）

此言人之修養心性，須去心之蔽，以復性之本，而祖述了程、朱之復性說。（註五七）癡絕又認爲道在自得而非依他力，曰：

儒者曰：「君子深造之以道，欲其自得之也。自得之，則居之安；居之安，則資之深；資之深，則取之左右逢其原；故君子欲自得之也。大凡欲明個事，須有自得之妙。然得心未忘，則不能居之安，居安之地不脫，不能資之深。果能忘其所得之心，脫去居安之地，不住資深之域，始能左右逢原矣。左右逢原，則自得之妙，居安之地，資深之域，皆爲吾之妙用」。（註五八）

誠如足利衍述所說，此係引《孟子》〈離婁篇〉之句，將其作禪的解釋，且將左右逢原之境視如頓悟見性之境，以融合儒、釋兩教者。（註五九）

先儒以天爲理所從出，心爲人之主宰，心受理於天爲性：格物，所以知性，窮理，所以盡其心之明也。人得天之理，存其心，養其性，以行其道；前者求知天理（知天），後者求行天道（事天）。君子之人，秉天理，行天道，其心不爲殀或壽所轉移，一以仁立命，此孟子所言，以示修身之大用也。（註六〇）癡絕亦認爲學問之要在於修身正心曰：

學道之要無他，修身正心而已。身之不休，折旋俯仰，動用周旋，踰規越矩，陷邪辟之域。心之不治，境風捲地，識浪翻空，前念未終，後念隨至，必有蕩而不反之患。（註六一）

亦即癡絕雖夾雜著佛家之意來解說《大學》、《孟子》之所言，惟其所說竟如儒者。又，從其所言內容觀之，他是修習朱子學而以《四書》爲科條的。

次言無準師範。無準，名無準，字師範。蜀梓潼人。俗姓雍。九歲時，就陰平山之道欽出家，熙寧五年（一一九四）冬受具足戒。翌年，於成都就坐禪法向名堯老宿請益，體究而遂有所省悟。參育王之佛照德光，至靈隱，與破庵祖先共遊石筍庵。時有道人請教胡孫子的話，師範聞其答語而契悟，嗣祖先之法。後來在浙江明州之清涼開法，經焦山、雪竇、育王，奉勅進徑山，奉理宗之召奏對，更於慈明殿陞坐說法，獲賜佛鑑禪師之號。淳祐九年三月十八日圓寂，世壽七十二。弟子有雪巖祖欽、無學祖元、兀庵普寧、環溪惟一等名衲，而日本東福寺之圓爾辨圓、惟才法心、了然法明、妙見堂道祐等僧侶，也都是入宋嗣師範之法者。遺有《佛鑑禪師語錄》五卷，日僧春屋妙葩於明洪武三年（一三七〇）予以重刊。無文道璨著有《徑山無準禪師行狀》。

無準自幼學習儒家經典，故其《語錄》之引用儒家典籍者不少，例如：

雲從龍，風從虎，聖人作而萬物睹。雪峰輥三個木毬，禾山老一味打鼓。海水揚波，須彌作舞，因甚如此。皇天無親，惟德是輔。（註六一）

此乃初引《周易》，終以《尚書》之語唱說者。又如：

使人人明目心，見自性，直到安樂之地。然此心能建立一切法，無一法不從心之建立，所謂誰能出不由户，何莫由斯道也。是道也，不可須臾離，可離，非道也。至於左右逢原，豈有他哉！然三教聖人，同一舌頭，各開門户，鞠其旨歸，則了無二致。（註六二）

他如：

一三三一，三一一三，解不能散，聚不成團，今古合成閉口面，只因門口有多般。（註六四）

上舉兩則文字，俱言儒、釋、道三教一致，可見無準雖出家皈依佛教，卻始終未忘儒學。

就如室町幕府第三任將軍足利義滿對明朝皇帝所呈表文之內容，及日本朝野對中國之態度所顯示，當時的日本人士普遍具有濃厚的崇華思想，不僅足利義滿向明成祖自稱「日本國王臣某某」，其後的歷任將軍也都向大明皇帝陛下作如此自稱；其公卿、貴族亦多稱中國為「中華」、「上國」，更有稱中國國書為「天書」者，而此一事實見諸載籍，斑斑可考。在此風潮之下，日本禪林之原原本本的模仿中國禪宗的禪林風儀與其好尚，乃自然趨勢。並且此一事實之使日本自禪宗東傳以後，便成為促使其禪林顯著傾向於文學的一大契機，此事實無須贅言。

就禪宗之立場言之，它雖認為「醉心於外書，立業於文筆者，此是剃頭俗人也，不足以作下等」，而持否定論，但懷有容許禪僧學習文學之立場，並作理論的闡明者，其出現時期卻相當早。例如：嗣古林清茂之法，於元明宗天曆二年（元德元年，一三二九）東渡日本的竺仙梵僊，他曾與其日籍弟子裔翔侍者作如下問答：裔翔問：

大凡作詩及文章，何者宜為僧家本宗之事？

竺仙答曰：

僧者先宜學道為本也，文章次之，然但能會道，而文不能，亦不妨也。

裔翔再問：

多見日本僧以文爲本，學道次之。翔見杜子美曰：「文章一小技，於道未爲尊」。以此觀之，況緇流乎。故竊以爲恨，然如何學道可也？

竺仙答曰：

汝能知之，猶可敬也，我國之僧有但能文而宗門下事絕不知者，人乃誚之，呼其爲百姓僧。若僧爲文不失宗教，乃可重也。（註六五）

亦即竺仙認爲：站在僧侶的立場，只要能夠領悟禪旨，則即使拙於文章，也不可恥，若只會文章而不知宗門之事，那纔是可恥的。然如能將學道與文章這兩件事都作得很好，那就最爲可敬了。對於裔翔在那以後所問的問題，竺仙更進一步的回答曰：

但以道爲大事，以文助之，乃可發揚。凡世間一切，不可嗜而執著之。道法雖大事，然若嗜而執著，成偏僻，爲法塵，況文章乎。然譬如人食，有飯乃主也，若復有羹，方爲全食，無羹之時，未免咽滯而少滋味。以道之飯，得文之羹，百家技能爲菜，爲饌，斯爲妙也。（註六六）

此乃將道與文章的關係比作飯與羹的關係，亦即竺仙以文章爲助道之一而加以肯定。誠如芳賀幸四郎教授所說，在轉迷開悟之際，既無需文字，也與它無涉；在開悟之前，如涉及文字，不僅成爲修道之障礙，即使在開悟以後，若仍執著於它，亦屬邪道。惟當體得道法以後，則未必須要迴避，此乃由於它扮演著菜羹對主食的作用，職是之故，身爲禪僧者，以道、文兼備爲理想。（註六七）

如前文所說，宋學成立的背景與其特性既如上述，故其所主張者與禪之教理靈犀相通，其作爲實修的居敬窮理與禪之打坐見性有一脈相通之處，職此之故，宋學不僅能讓禪僧們易於理解，而且使他們有親近感。在此情形之下，朱熹等宋學家容或有排佛的言論，但明教契嵩、北磵居簡、癡絕道沖、無準師範等僧侶卻言儒釋不二，倡三教一致，採包容儒學的立場，而此一立場竟成爲支配宋代禪林的風潮。在另一方面，藉宋學之概念與理論來說禪，對於以親近宋學的上層士大夫階層，與一般知識階級爲對象弘揚禪旨，實頗能收效。由於這種關係，自宋代至元代之間的江南禪林多研究儒學，尤其研究宋儒學說。當時日本禪僧之乘風破浪至中國學佛，適逢宋學風靡於學術界與思想界之南宋以後之禪林，而他們之習禪與修得禪者應有之教養，乃是肯定宋學與包容宋學之南宋以後的禪林。至於那些東渡日本弘揚禪旨的華僧，他們也都是出自同一世界。因此，宋學之爲隨著禪宗之東傳而爲那些禪僧帶至日本，被認爲是「上國之風」而在日本學術界造成新的流行，實爲自然而且必至的趨勢。

【註釋】

註一 忽滑骨快天著，朱謙之譯，《中國禪學思想史》（上海，上海古籍出版社，一九九四年五月），頁一。

註二 同前註書，頁二～三。

註三 同前註書，頁四。

註四 同前註書，頁九。

註五 同前註書，頁一三七。

註六　同前註。

註七　同前註書，頁二一〇。

註八　同前註書，頁二五二～二五三。

註九　同前註書，頁三六九。

註一〇　同前註。

註一一　同前註書，頁五八七。

註一二　《中國禪學思想史》，頁三五九～三六〇。

註一三　《古今圖書集成》〈釋教部·彙考〉，卷三諸書，俱言太祖建隆元年（九六〇），以聖誕爲長壽節，於相國寺賜宴百官，詔度童行八千人。十月，親征淮南之李重進，平之。以十二月於揚州戰場造建隆寺，薦戰亡將士之冥福，命沙門道暉主之。此事並見於《宋史》〈太祖本紀〉。

註一四　同註一二所舉書頁三七二。

註一五　《宋元學案》，卷四〇，頁三。

註一六　同前註書，同卷，頁七。

註一七　《續藏經》，第一輯，第二編，第二十六套，第五冊，頁四八二。

註一八　《中國禪學思想史》，頁六四二。

註一九　《續藏經》，第一輯，第二編，第二十六套，第五冊，頁四八三。

註二〇 《宋元學案》，卷四八，頁五三。

註二一 《續藏經》，第一輯，第二編，第三套，第四冊，頁三三一。

註二二 《宋元學案》，卷五八，頁五。

註二三 同前註書，同卷，頁六。

註二四 張石、王樹海、吳作橋、張錫坤，《禪與中國文學》（長春，吉林文史出版社，一九九二年七月），頁七九～八〇。

註二五 同前註書，頁八二。

註二六 同前註書，頁八三。

註二七 王守仁，《傳習錄》，下。

註二八 《孟子》〈盡心篇〉，上云：「盡其心者，知其性也，知其性則知天矣」。但不同的是：在孟子思想深處福然存在的心本體與天體的矛盾，卻首先由禪解消了。就因爲這一點，爲王陽明最後終結儒家內之學，從本體論上奠定了基礎。

註二九 《大學》〈傳之七章〉云：「所謂修身，在正其心者，心有所忿懥，則不得其正；有所好樂，則不得其正，有所憂患，則不得其正」。

註三〇 《二程全書》，卷一五。

註三一 《宋元學案》，卷一五。

註三二　陳式銳，《唯人哲學》（廈門，立人書報社，民國三十八年一月），頁一〇。

註三三　王守仁，《傳習錄》，中。

註三四　《壇經》〈定慧品〉，第四。

註三五　《禪與中國文學》，頁八八。

註三六　前註所舉書頁一六五云：「磨詰，此字源於南宗禪重要經典《維摩詰經》之名。由『維』字而聯想到『摩詰』，是王禪學信仰的生動見證」。

註三七　王維，《王右丞集》，卷一七；清趙殿成，《王右丞集箋注》（中華書局版），下冊，頁三二〇。

註三八　《禪與中國文學》，頁一九七。

註三九　同前註所舉書，頁二〇二。

註四〇　辛文房，《唐才子傳》，頁四九。

註四一　《全唐詩》（中華書局本），卷一八六，頁一八九四。

註四二　養聖胎，禪人開悟後，爲了不失卻此悟後的境界，仍須摒絕外緣，持靜入定，繼續修習，稱爲保任，也叫養聖胎。

註四三　林逸民，《竹溪齋十一稿》，續集，卷一三。

註四四　《禪與中國文學》，頁二九二。

註四五　《蘇軾詩集》，卷四五，〈次韻江晦叔二首〉，其二。

註四六　《蘇軾文集》〈與子平元〉。
註四七　《禪與中國文學》，頁三六五。
註四八　同前註書，頁三六六。
註四九　同前註書，頁二六二。
註五〇　夢窗疎石，《三會院遺誡》。
註五一　芳賀幸四郎，《中世禪林の學問および文學に關する研究》（京都，思文閣，昭和五十六年十月），頁二四六～二四七。
註五二　足利衍述，《鎌倉室町時代之儒教》（東京，有明書房，昭和四十五年五月），頁三八～三九。
註五三　足利衍述，前註所舉書，頁三九。
註五四　北磵居簡，《北磵外集》〈儒釋合〉。
註五五　無準師範，《佛鑑禪師語錄》，卷三，〈小參〉。
註五六　癡絕道沖，《語錄》，卷下，〈示至明維那〉。
註五七　足利衍述，前舉書，頁四〇。
註五八　癡絕道沖，《語錄》，卷上，〈示懶庵居士〉。
註五九　足利衍述，前舉書，頁四一。
註六〇　陳式銳，《唯人哲學》（廈門，立人書報社，民國三十八年一月），頁一三。

註六一　癡絕道沖，《語錄》，卷上，〈瑩悅二上人幹陳塘閘不見語〉。

註六二　無準師範，《佛鑑禪師語錄》，卷一，〈瑞慶節上堂〉。

註六三　無準師範，《佛鑑禪師語錄》，卷五，〈入內引對陞座〉。

註六四　無準師範，前註所舉書，同卷，〈三教合面相〉。

註六五　竺仙梵僊，《竺仙和尚語錄》，卷下，〈問答〉。

註六六　同前註。

註六七　芳賀幸四郎，註五一所舉書，頁二四八。

第三章　朱子學之東傳與日本禪林

第一節　中國禪林文學之東傳

禪宗之所以東傳，乃由於日本平安時代(七九四～一一八五)末期，隨著宋、日兩國交通之逐漸頻繁，當時日本佛教界的部分人士已對其佛教感到停滯而無進步，故有不少僧侶先後到中國求新佛法。其到中國學禪者之自動將禪移植日本，固爲鎌倉（一一八五～一三三三）初期之事，但禪宗東傳後不久，日益興盛，迄至室町時代（一三三六～一五七三），就成爲日本佛教的主流。導致這種局面的原因，在於蘭溪道隆、兀庵普寧、大休正念等中國高僧受彼邦人士之聘，先後東渡；後來更有因聞日人篤信佛教而自動前往者。在這種情況下，遂使鎌倉成爲「宋朝禪」的一大淵藪。（註一）

當宋亡元興之際，浙江普陀山僧一山一寧受元成宗之命，於大德三年(一二九九)以使節身分東渡招諭日本。（註二）但他抵日後，因受其公卿、武士之皈依而竟然不歸。一山的學識淵博，除宗門外，其他領域的學術，如：理學、文學、史學方面也都對日本有深厚影響。此乃禪宗東傳史上值得大書特書之事。因當時的日本武士是個新興階級，又居於統治者地位，所以他們欲以有別於公卿文化之新文化來裝飾自己。而禪宗又與以往日本所有的其他宗派之佛教內容不同，乃盡力容納這新來的佛教，並把它利用於宗教以外的部門。（註三）

中國禪宗有兩個類型，其一是臨濟宗楊岐派、虎丘派、松源派，或曹洞宗眞歇派等，它們在日本求法者的眼光裏，具有改革其宗門之吸引力。其二則如臨濟宗黃龍派、大鑑派、破庵派等，他們都接近於中央而因此貴族化，具有中國士大夫的教養。（註四）由於後者符合上述日本新興階級的需要，所以他們不僅將禪宗視爲宗教，而且把它看作引進中國士大夫文化的媒介，予以保護，同時也捐助廣大的土地及財物給他們，使彼輩能過豐衣足食的生活。他們也頗能爲幕府做事，尤其夢窗疎石派下的京都五山之禪僧爲然。（註五）

前文已說，日本的禪宗是由於其僧侶來華學習，及由中國禪僧東渡彼邦傳布的，而中國學術——新儒學之東傳，則可能以後者爲大。自一山一寧東渡後，日本禪林便開展研究中國學術之機運。且說禪宗本主張「教外別傳，不立文字」，如依其文字表面上的意思，就是不使用文字。其實不然，此乃言不依傍經典，不追求邏輯，而以直觀方式臻於悟入之境；所以並非說不使用文字，乃是言不以文字作爲推進邏輯之手段，職此之故，以之爲象徵而加以利用的情形所在皆有。復由於禪宗重視直覺，故在其悟入的過程裏，多引發詩的情緒。加之，禪宗又是最中國化的佛教宗派，而中國乃重視文字的國家，所以社會的一般傾向也進入了禪林。（註六）更有進者，就如中國往往被稱爲官僚國家似的，這種官僚的特質滲透於禪林，致使禪林也逐漸官僚化。尤其官寺，亦即徑山興聖萬壽禪寺（杭州臨安府）、北山景德靈隱禪寺（杭州臨安府）、太白山天童景德禪寺（明州慶元府）、南山淨慈報恩光孝禪寺（杭州臨安府）、阿育王山廣利禪寺（明州慶元府），這種傾向更爲強大而此乃自然情勢。因此，政府的公文形式之會被原原本本的引進禪林，將其應用於日常生活之傳達旨意方面。亦即中國禪林因教團興隆的結果，寺院制度也被逐漸整頓，而其整頓方式竟然是有意無意的模仿官僚制度。在此情形之下，禪林間的年中行事也就漸次固定。然如要使其日常生活裏的集團行動目標能夠徹底實施，就非以正式文書來傳達旨意不可。於是在禪林之間遂產生專門職司製作這類文書者——書記。其由此書記所作文書稱爲「榜」、「劄」（啓札）等。（註七）這種文書在初時可能比較簡樸，只要能夠傳達旨意即可，惟至後來，因雲水（僧衆）數目增加，爲要統領他們，也就非維持身爲住持或首腦的威信不可，職此之故，其所揭示的榜既會被要求四平八穩，每當要迎接新住持之際，也要將其書寫誇張成爲表示所有的僧侶都在渴望著他蒞任斯職，而這種風尙遂成爲聘請與被聘請雙方應有的禮節，於是便自然而然的講究其遣詞造句。此乃由於禪林成官寺而受國家的管理，及因考察等而與政府官員之間發生密切的關係，從而迎合官場的風尙，寫作形式與官場文書相似的文件；復由於參加科舉落榜的人士往往進入禪門，因而將官僚式的習氣帶入禪林，亦即由於禪林世俗化所致。（註八）

當時流行於禪林的文書，除上述「榜」、「劄」外，尙有由江湖（天下）友人表示祝賀新任住持之意的「江湖疏」。「疏」，除此江湖疏外，又有由新任寺院所發出：表示欲聘爲住持之意的「山門疏」，或新任命之同門、法眷（法類，事實上與同門同義）表示祝賀入院之意的「同門疏」、「法眷疏」等，統稱入寺疏。所謂「疏」，在禪林是指下位者呈給上位者的文書——上行文，除入寺疏外，尚有淋汗疏（籌集燒洗澡水所需經費者）、幹緣疏（募捐簿）等，更有同儕間彼此寄往的啓劄（尺牘）等。上舉這些禪林文書的共同特點，就是俱以駢文來書寫。（註九）

禪宗雖標榜不立文字——不依傍經典，但這無論如何也是指不採用傳達語言概念的原來之用法，亦即當是不用語言上之邏輯而言。這種方法，其一就是使用許許多多的名詞來作直觀的表現，其二則只將文字視爲一種符號，並將其「順列」、「組合」而予以利用，而歷代祖師接化的手段（促使參禪者悟入之一種教育手段），如：臨濟的三玄、三要，洞山之五位，浮山之九帶等即是。亦即以文字爲素材，以形成一個對照、架構，來表現悟道之極致。（註一〇）

禪宗雖重視直觀而否定邏輯的思量，卻在原有用法以外之處作象徵性的使用，結果，便採取許許多多的比喩論法，因而造成過多的名詞，惟在另一方面，卻又欲以韻文方式來表達直觀。禪之詩的表現，這就是浮現於世人之腦海裏的禪林文學之本身。而這纔是禪與文學之正統的結合，如欲使文學存在於禪林的理由正當化，則這種方向以外的結合方式，便被視爲衍生的，故若從宗乘的眞面目言之，無論何時也都須加以排斥，當然非要求其回歸這個結合方式不可。具體言之，唐代三祖僧璨的《信心銘》，永嘉玄覺的《證道歌》，石頭希遷的《參同契》、《草庵歌》，洞山良价的《寶鏡三昧》等是。（註一一）

前文提到官僚貴族與禪僧之間的交友關係密切，於是也創作了作爲社交手段的詩文。（註一二）

更有進者，在禪林裏，爲要悟入而盛行問答，亦即欲從人與人的直接接觸當中有所領悟，而其問答方式竟也發展成爲一種戲劇性的結構，組合成爲禪林文學的一個部門。只因其問答係用口語，故有許多俗話與俚語。又，所謂重視人與人之接觸，乃由於禪林是與一般世俗隔絕的社會，故禪僧們彼此之間團結一致而可謂爲同志的結合。因此，每當彼此邂逅離別之際，便將其情感發抒至最高度而多文學的感興。這種感興，也成爲產生禪林文學的要素之一。（註一三）

早期的禪林文學作品，如：前舉唐末的永嘉玄覺之《證道歌》，三祖僧璨的《信心銘》、《草庵歌》，石頭希遷的《參同契》，洞山良价的《寶鏡三昧》等，它們都敍述宗教的心境，其中有的被列入中國文學史而屬上乘之作。惟這類作品的創作意願逐漸式微，終於在禪林的日常生活中採用了官場所使用的實用文書，以爲營運禪林所需要的文書形式，並且設法以文學方式來表現。（註一四）

如據玉村竹二的研究，禪宗在中唐以前，有如隱藏於地方上的具有浮浪性的隱逸人群，惟至後來，以某種理由被貶至地方者，或引起正在隱居的官僚貴族之興趣而得其皈依，致與貴族有了密切關係。在另一方面，官僚貴族子弟之欲仕宦的便參加科舉，他們如能順利中舉便成官員，然若不幸名落孫山，遂放棄顯達之路遁之於禪林者亦復不少，例如：元代的晦機元熙，於元末東渡日本的竺仙梵僊等即是明證。當這些因參加科舉失敗而遁入禪林以後，乃以自己平日所學官場所使用之文體，亦即將駢文帶進禪林，於是禪林日常所作之所謂榜、疏、啓劄等文書，遂都模擬這種文體來書寫。在此情形之下，駢文不僅成爲禪林文學之一，更被視爲它的主流。復由於禪僧們以作文、賦詩作爲與官僚貴族交往的手段，與當時的著名文人或高級官員同席相互酬唱的結果，禪僧的作品竟世俗化到與一般文學家之作無甚差異。雖然如此，那些世俗化的詩文，也還是禪林文學而自不待言。（註一五）

由於禪林文學過於世俗化的結果，從南宋末年開始，便逐漸有對此過熱現象加以反省的傾向，且自元初起開展所謂偈頌主義運動。此一運動，係由以古林清茂爲中心之臨濟宗松源派禪僧所提倡。經此運動所創作之詩文，其形式雖與一般世俗人士所作者並無多大差異，卻欲將其題材侷限於佛教領域，亦即以吐露禪僧在修行過程裏所誘發之詩情爲其主旨。職是之故，其作品便以古則公案、經典、佛像、祖師像，別離之傷悲，招待、餞別友人，哀悼友人之死，或慶賀友人之榮譽等爲題材者居多，此即這個時代所謂之「偈頌」。（註一六）

所謂偈頌，就是韻文之一，其體裁與詩相同，亦即以詩的體裁來歌詠佛教問題，也就是說，體裁是近體詩的，內容則是佛教的。它都押韻，即第一、二、四句押韻，也有只在第二、四句押韻的。既有採用絕句型的，也有採取律詩、古體詩或長詩型式的，而以七言絕句居多。在禪林裏，各種場合都有作偈頌的可能，其與宗旨直接發生關聯者則是描寫個人悟入之境者，謂之頌古，亦即頌古則之意。例如二祖慧可爲入達摩之門，長久站立於雪中，終於截自己右腕以示決心，而將此情景詠賦於韻文之中，像這類作品即是頌古，不過這種作品未必很多。（註一七）偈與頌似乎沒有甚麼分別，這就如所謂三乘十二分經，經文有種種表現方式，而有如其中之祇夜或伽陀等部門。現今所謂偈、頌，似指同一文體而言。（註一八）

中國禪林之以文筆名聞於世者，在五代末年有永明道潛（參寥子），北宋時有雲門宗的雪竇重顯而遺《祖英集》等，並且留下《雪竇頌古》，歌詠百則公案之境遇，遂享有禪林文學之始祖的令譽。迄至北宋，明教契嵩以一代文豪著稱，遺有家集《鐔津集》與論說集《補教篇》，及《傳法正宗記》等宗門史。到了南宋，則臨濟宗的圜悟克勤彙集評唱與著語以撰《碧巖錄》；臨濟宗黃龍派的泐潭洪英與眞靜克文（雲庵）則與英邵武、文關西等人並稱，而後者有《雲庵集》問世。及其門下覺範慧洪（江南垂鬚佛）出，以文筆著稱而遺有《石門文字禪》、《林間錄》等文集、隨筆，詩話《冷齋夜話》、及《禪林僧寶傳》等宗門史。（註一九）上述這些僧侶俱屬臨濟宗黃龍派。至於臨濟宗楊岐派，它又分爲大慧、虎丘兩派。大慧派在南宋中葉頗爲隆盛，與當時的縉紳有深交，而前文所說禪宗俗化的具體行動，實可謂由他們所採取。非僅如此，這派又文筆僧輩出，北磵居簡著有《北磵文集》與《北磵詩集》，物初大觀著有《物初謄語》，淮海元照著有《淮海拏音》，無文道璨著有《無文印》，枯崖圓悟著有《枯崖漫錄》，藏叟善珍則著有《藏叟摘稿》，他們之中既有官員、士大夫之子弟，復有曾經參加科舉者，其與前舉文筆僧不同的是駢文作品逐漸增多，此當是佛教之中國化與世俗化同時進行的結果。（註二〇）

就如前文所說，日本的禪宗是由於其僧侶來華學習，及由中國禪僧東渡彼邦傳布的，而中國學術之東傳，或許後者較前者力量更大。自一山一寧於元成宗大德三年（一二九九）東渡後，日本禪林便開展研究中國學術之機運，而此一時期適爲中國禪林世俗化的時代，故其作風也被原原本本的東傳日本。或許就因此播下禪林文學發達的種子，此乃由於以一山一寧爲始的日本禪林學術系統，經虎關師鍊以後，主要由京都東福寺傳衍下去，而東福寺又是日本五山文學之大本營的關係。因系出東福寺的禪僧具有古典主義的，研究學術的傾向，所以出身該寺的僧侶自然有擅長文學的，但鑽研學術者更多，如：岐陽方秀、桂菴玄樹、文之玄昌等人是。（註二一）與此相對的，在元末前往東瀛的華僧有清拙正澄、明極楚俊、竺仙梵僊等大師，他們都曾經接受元末偈頌運動的洗禮，欲於日本佛教界推展文藝運動，乃以竺仙爲中心製作偈頌，而雪村友梅、月臨道皎、石室善玖、中巖圓月等僧侶，則組織一個友社來從事創作偈頌。此一組織成爲日本五山文學之胚胎，而五山文學之雙璧——絕海中津與義堂周信，皆曾受過這些高僧的薰陶。絕海中津曾於明太祖洪武元年（一三六八）至中國，曾先後參中天竺的季潭宗泐，道場的龍門清遠，靈隱的良用，及天童的了道等高僧。他曾覲見太祖，且就日本熊野的徐福祠爲題，獲賜唱和之殊榮。其詩文集《蕉堅稿》的序與跋，則分別由僧錄司左善世獨庵道衍，與杭州中竺的如蘭所撰，其作品受季潭的影響頗深，（註二二）所以他能將元末明初世俗化的中國禪林文學移植日本，及他之能創作中國風格的詩文，乃理所當然之事。此後，絕海的門派主要以京都建仁寺爲中心傳衍下去。他們均擅長駢文而富於詩的技巧。義堂的門流則大體以京都相國寺爲中心，作風平明而工於散文。（註二三）當時日本禪林學習中國文學的情形既如此，又出現擅長詩文、學行俱高的僧侶，則其他僧侶之群起效尤，造成研究中國詩文的風氣，殆無疑慮。

第二節　日本禪林的宋學觀

前文已說，性理學之奠基者周敦頤、張載、程顥、程頤，及集其大成者朱熹等人都曾經參禪而受禪宗之影響，卻因他們多有過排佛的言論而被非難。如據《河南程氏遺書》第六所記弟子程子之言，「周茂叔窮禪客」、「茂叔不排釋老」，但曾於〈西銘〉記謂：「民，吾同胞；物，吾與也」的張載，則在其所著書中散見著批判佛教之語，雖然如此，張載此語實與肇法師《寶藏論》所言：「天地，與我同根；萬物，與我一體」之思想深相契合。程頤則雖言「禪學只到止處，無用處，無禮儀」；「看一部《法華經》，不如看一〈艮卦〉」而表示其排佛的意念，然其「事理一致，體用一源」之說，卻是源自華嚴哲學的事理無礙法界觀。（註二四）

宋學的奠基者們容或有排佛的言論，只因其所主張者與禪之教理靈犀相通，其作為實修的居敬窮理，與禪之打坐見性有一脈相通之處，故使禪僧們容易理解，且使他們容易產生親近感。雖然張、程、朱諸人有排佛的言論，惟就如前文所說，明教契嵩、北礀居簡、癡絕道沖、無準師範、石田道薰等禪僧卻俱言儒佛不二而倡三教一致，採取包容儒學的立場，而此一立場成為宋代禪林的風潮。另一方面，藉宋學之概念和理論來說禪，對於在親近宋學的上層士大夫階層或一般知識階層傳布禪教，頗有功效。職此之故，自宋代至元代的禪林，尤其江南的禪林，對儒家經典，尤其對宋儒的學說有所研究。

（註二五）當日本禪僧不畏艱險地逾越萬里波濤，至中國學禪之際，適逢宋學風靡於學術界、思想界的南宋之後，所以他們從事禪之修行時，也多肯定宋學而加以接受。至於在此一時期東渡日本弘揚禪教的華僧，他們也都出自同一世界，因之，宋學便隨著那些禪僧傳到日本。

如據足利衍述的研究，朱子學在《中庸章句》成書（南宋淳熙十六年，日本文治五年，一一八九）以後不久的慶元六年（日本正治二年，一二〇〇），儒學世家大江宗光曾向文章博士藤原敦任，與其姪文章博士敦佐借鈔其所標日式讀點——訓點之版本，（註二六）由此當可知，朱晦菴（一一三〇～一二〇〇）所著書在其本人仍在世時已爲部分日域人士所熟讀。

南宋以後的中國禪僧既已採取包容宋學的立場，而來華學禪的日僧亦持接受宋學的態度，宋孺新著又在十二世紀末已東傳日域，那麼，當時日本禪林的宋學觀如何？他們對周濂溪、張横渠、程明道、程伊川、朱晦菴等宋學家的評價又如何？就周濂溪而言，系出華僧一山一寧，且曾私淑宋之碩學明教契嵩禪師，而有學富五車之譽的虎關師鍊評周敦頤曰：

仲尼歿而千有餘載，縫掖之者幾許乎，唯周濂溪獨擅興繼之美矣。（註二七）

而給與相當高的評價。但對程明道則持否定的態度，他駁明道所言：「佛氏之教，滯固者入於枯槁，疏通者歸恣肆」曰：

程氏主道學，排吾教，云云，吾徒多焉。枯槁恣肆，實不少矣，然評其道者，剽索其徒之不善者託言焉，寧爲公議乎？孔子垂名教也，王莽學之簒漢祚，李斯承之禁秦書。世只罪莽、斯，

未聞歸咎於孔、荀矣。彼程氏何爲者乎，出言之不經也。（註二八）

且言「夫程氏主道學，排吾教，其言不足攻矣」，而認爲明道之主要思想雖取自佛教，竟又排佛爲非。

其對程伊川的評語，大抵與此相仿。

虎關對集宋學之大成的朱晦菴所作評語是：

晦菴《語錄》云：「釋氏只四十二章經，是他古書，其餘皆中國文士潤色成之。《維摩經》亦南北朝時作」。朱氏當晚宋稱巨儒，故《語錄》中品藻百家，乖理者多矣，釋門尤甚。諸經文士潤色者，事是而理非也，蓋朱氏不學佛之過也。夫譯經者，十師成之。十師之中，潤宋之謝靈運，唐之孟簡等也，文士潤色實爾，然漢文也，非竺理矣。朱子議我而不知譯事也。又，《維摩經》南北朝時作者，不學之過也。蓋佛經西來，先上奏，然後奉詔譯之，豈閑窗隱几，僞述之乎？況貝葉字不類漢書，故十師中有譯語，有度語，漢人之謬，妄不可納矣。是朱氏不委佛教，妄加誣毀，不充一笑。又云：「《傳燈錄》極陋」。蓋朱子之極陋者文詞耳，其理者非朱氏之可下喙處。凡書者，其文雖陋，其理自見。朱氏只見文字，不通義理，而言佛祖妙旨爲極陋者，實可憐愍。夫《傳燈》之中，文詞之卑冗也，年代之錯違者，吾皆不取。然佛祖奧旨，禪家要妙，捨《傳燈》，猶何言乎？朱子不辨，漫加品藻，百世之笑端乎！我又尤責朱子之賣儒名而議吾焉。《大慧年譜》〈序〉云：「朱氏赴舉入京，篋中只有《大惠語錄》一部，又無他書」。故知朱氏剽竊大慧機辯，而助儒之體成耳。不然，百家中獨持妙喜語耶？

明是王朗得《論衡》之謂也。朱氏已宗妙喜，卻毀《傳燈》，何哉？因此而言，朱氏非醇儒矣。（註二九）

虎關對程、朱等宋儒雖有所批判，然其所言者只是攻擊他們從佛教方面有所得，竟又排擊佛教而已，對他們的學問則未曾言及，由此可見，虎關只不過對程、朱的排佛言論有所不滿，在學術方面則予以接受。雖然如此，卻無積極肯定朱子學說的言論。因此，虎關容或對宋學曾經下過一番功夫，但他並非鼓吹宋儒新說者。

曾於元泰定二年（正中二年，一三二五）至中國師事古林清茂等而嗣北磵居簡之直系東陽德輝之法，於元至順三年（元弘二年、正慶元年，一三三二）返日的中巖圓月，他雖有「本朝淄林，有文章以還，無抗衡者，可謂空前絕後也」之令譽，（註三〇）卻也與虎關一樣的對張、朱等人之僅引禪者之片言隻字而加以非難曰：

伊洛之學，張、程之徒，夾註孔孟之書，而設或問辨難之辭，亦有恁地便是恰好，不要者般什麼說話，無道理了。那裏得個不理會得，卻較些子等語，然其主意存於搥提佛老之道也，此等語非禪也審也。云云。（註三一）

並且繼上舉文字之後又說：「苟不得佛心者，縱使親口佛語，亦非禪也」。中巖對張橫渠、程氏昆仲的評語雖如此，然對朱晦菴卻說：

朱之爲儒，補罅苴漏，鉤玄闡微，可以繼周紹孔者也。（註三二）

而以朱子爲周公、孔子以後的第一人，可見其崇拜晦菴之一斑。只因他崇拜朱子，在其集子所有關於談性情、說仁義、論中和之篇什，無不立足於晦菴之說。亦即中巖是尊崇宋儒，且服膺其學說的。

時代稍晚於中巖的義堂周信，他雖從禪本位的立場，認爲儒學是第二義的，故學儒只不過是爲便於弘揚禪宗與教化世俗，故不必專門，曰：

凡孔、孟之書，於吾佛學，乃人天教之分，齊書也，不必專門，姑爲助道之一耳。經云：「法尚可捨，又何況非法」。如是講則儒書即釋書也。（註三三）

義堂不僅認爲讀儒書對弘揚佛法有助益，他自己也對儒家經典有精湛的研究，也還讀朱子的《性理指要》，（註三四）對於漢唐古註與宋儒新註，則給後者的評價較高，曰：

近世儒書有新舊二義，程、朱等新義也。宋朝以來儒學者皆參吾禪宗，一分發明心地，故註書與章句學迥然別矣。《四書》盡朱晦菴，菴，及第以大慧書一卷，爲理性學本。云云。（註三五）

亦即他認爲因宋儒曾經參禪而得禪旨，所以對孔孟學說能夠擺脫前人的見解而有所發明，對儒家經典的解釋與漢唐古註迥然有別。至儒書新、舊二學的差異則在於：

漢以來及唐儒者，皆拘章句者也，宋儒乃理性達，故釋義太高。其故何？則皆以參吾禪也。（註三六）

由上舉兩段文字可知，義堂對宋儒新說持肯定態度，而「《四書》盡朱晦菴」一語值得注意。

岐陽方秀較上舉諸人更進一步的認爲：宋學繼承儒學之正統，其弟子雲章一慶則「每喜誦程、朱之說，仍製〈理氣性情圖〉，又有〈一性五性例儒圖〉」。曾言：

曾子傳之孔子之孫子思，子思傳之孟子，孟子歿而云性事絕不傳。漢儒終不知性，宋儒始興。……宋朝濂溪先生周茂叔云太極也，始傳二程，自二程到朱晦菴，儒道一新。（註三七）

並且認爲：儒者自堯、舜揖讓而始有人之法度，其後孔子出而傳道。孔子之時遭逢不遇，乃爲儒道之幸，若風雲際會，則其才學一時用盡，無法似不遇時那樣將《六經》遺留千萬年之後。孔子弟子三千，其中選七十士，又選十士，曾子未列入十哲之中。曾子之所以未列入十哲，乃由於他是正傳，有如釋家之迦葉。曾子之弟子爲子思，子思弟子爲孟子，孟子後斷絕。漢儒雖有才，卻不知道。宋儒原不知易字，以爲是書名。及言易有太極，而周茂叔出，註太極爲無極而太極，始知天地未分以前之溟濛爲太極。亦即他認爲宋儒復興了儒道之正統，稱讚宋儒使儒學一新的功績。

曾於明宣宗宣德年間（一四二六～一四三五）至中國，遊於蘇杭的翺之慧鳳對宋學的見解是：

建安朱夫子，出於趙宋南遷之後，有泰山巖巖之氣象。截戰國、秦、漢以來上下數千歲間諸儒舌頭，躬出新意，聖賢心胸，如披霧而見太清。數百年後，儒門偉人名流，是其所是，非其所非，置之於鄒魯聖賢之地位。仰之如泰山北斗，異矣哉！三光五嶽之氣，鍾乎是人，不然，奚以至有此乎？（註三八）

由這段話，當可知翺之對朱子之尊崇，從而亦可推知其對宋學的態度。

生存年代與翺之慧鳳大致相同的仲芳圓伊，他不僅倡儒、釋、道三教之一致，其有關心性、中庸的言論，也都充滿朱子的學說。他曾贊朱子曰：

紫陽朱晦菴，爲天下儒宗，以剛強爲己責，心究造化之原，身體天地之運，雖韓、歐之徒，恐當斂衽而縮退矣。觝排異端，甚斥釋氏。及見圜悟〈梅花詩〉，唱酬不已。稍稍遊其門，雖未能至我奧，而潛知有聖賢之道妙，以足討論焉乎！（註三九）

而認爲雖是韓昌黎、歐陽永叔之徒，在朱晦菴之前，恐怕也要斂衽縮退，這樣看來，他對晦菴的評價是多麼的高。對朱子的評價高，則對其學說有所尊崇，自不待言。

時代稍晚的海會寺住持季弘大叔不僅傾倒於宋學，也還稱美宋儒性論的獨創性曰：

居士知彼天乎？天實不易。云天也者，道也，理也，性也，一心也。仰而觀蒼蒼者謂之天，不近於兒童見耶。昔聖宋之盛也，周、邵、程、朱諸夫子出焉，而續易學不焰之光於周、孔一千餘年之後。太極無極，先天後天之說，章章于世。天非有先后之異，均具于太極一氣之中而已矣。且夫人之脩身誠意者，天與吾一而能樂其天者也。……天謂人欲幾蔪絕，則云理，云之道，云性，云一心，皆囿于吾混焚一理之中，猶如太極生兩儀、四象、八卦，凡天地萬物，含容于一太極也。（註四〇）

可見季弘的學術是立足於以程、朱，且以程、朱爲儒學之正統。

曾於明代以朝貢使節人員身分至中國，遺有《唉雲入唐記》的唉雲清三，他也稱讚朱子說：

以一心究造化之妙，至性情之妙，正《四書》、《五經》之誤，作《集註》、作《易本義》，流傳儒道之正路於天下者，莫若朱文公。不以朱子為宗，非學也。（註四一）

而將朱子捧上了天。至於文之玄昌所謂：

源乎聖道之行於世，有晦有明，蓋自周衰孟子歿，斯道晦盲。若夫濂溪周先生，生乎千五百歲之後，繼不傳之正統，再興斯文已墜，誠天之所卑然也。斯道之晦盲，至斯時煥然復明於世矣。周子傳之河南二程，二程傳至於朱子，而斯文益明。（註四二）

此與前舉虎關批判朱子非醇儒的話何啻天壤？故虎關以後的日本禪林對宋儒的態度是由批判轉為尊崇的。

第三節　日本禪林文學的發展

前文已說「教外別傳，不立文字」為禪宗之宗旨，所以它不似天台宗之以《法華經》，眞言宗之以《大日經》為其所依之經典，而以禪定三昧之功，「一超直入如來地」，亦即舉轉迷開悟之實，來「直指人心，見性成佛」。因它注重徹底的「行」，故其純粹的祖師禪之原有立場，對以教理、教相為主之內典未予重視，所以有關外典的學術作品，當然也在排除之列。

然而，相傳菩提達摩曾把《楞伽經》帶至中國，將它傳給二祖慧可，百丈懷海之撰《百丈清規》

以定禪林規矩，及《碧巖集》之根據《楞嚴經》第二之經文所爲「楞嚴不見時」之則，即表示禪宗並未完全否定智慧與戒律。而中國禪林對《楞嚴經》、《楞伽經》、《金剛經》等內典的研究，從禪宗發達之初期即已開始，而強調「慧」方面的教相與禪宗接近、配合，這種傾向在唐末至宋代之間，亦即在七世紀末葉至十三世紀七十年代之間已經顯著。（註四三）

當禪宗東傳日本的十二世紀七十年代前後，中國方面的教與禪，禪與淨土已經融合，因此，對教理、教相的關心隨著高昂，研究內典的風氣漸盛。而這種風氣，也隨禪宗之東傳而傳至日本，此可由首先將此一宗派傳至東瀛的明庵榮西之台、密兼修，八宗兼學，及在京都一帶奠定禪宗基礎的圓爾辨圓之八宗兼學事獲得佐證。（註四四）我們從圓爾之於至中國留學東歸時，將許多有關佛教的書籍帶回日本，便可知他教禪一致的立場，與他對內典修養之深厚情形。圓爾的這種態度，成爲他所創建京都東福寺及建仁寺日後活動的傳統，此傳統又爲採取禪教不分之態度的夢窗疎石一派僧侶所繼承，所以禪僧不僅閱讀內典，而且設法輸入內典。（註四五）

如前文所說，中國禪林的特色之一，就是深受士大夫的影響。中國的士大夫多經由科舉爲官，但由於政權的隆替，以致於既有在官場得意的，也有下野爲民的。而後者則間有因此失意而隱逸山林，終爲禪宗所吸引者。但那些在野者未必都一直隱逸，俟得機會，又重返廟堂。當他們復仕後，或許仍不忘禪而予以關懷、愛護，乃將金錢、土地捐贈禪寺，禪僧便因此能過足衣足食的生活，有較多時間來讀書。惟禪僧中也有因科舉失敗才皈依佛門，在禪林求發展的，如前舉元代的晦機元熙、竺仙梵僊，

就是因對仕宦死心方纔遁入空門者。（註四六）

禪宗雖標榜不立文字，但它在中國卻是因獲得愛好學問與文學的士大夫階級之支持而發達的中國式佛教，所以從唐代開始，其內部就產生以偈頌爲中心的宗教文學，此一傾向在宋代更形顯著，尤其在南宋時代（一一二七～一二七九），曾經刊行許多僧侶的詩文集——外集，而自南宋至元代（一二八〇～一三六七）之間，以文筆名聞於世的禪僧輩出，如：無學祖元、兀庵普寧、古林清茂等人，既是當時禪林的泰斗，也是傑出的偈頌作家。（註四七）由於當時東渡日本的禪僧多出在彼輩門下，其至中國習禪的日本僧侶，也多以他們爲師，所以南宋、元代的中國禪林學習外集的風潮對日本有很大影響，乃自然趨勢。（註四八）

我們從木宮泰彥著《日華文化交流史》所列宋、元時代留學中國之日僧名單推知，當時的日本僧侶有強烈的崇華思想，這種情形在明代也沒有改變，則他們在這種思想上，原原本本的將中國禪林的典範與好尙加以模仿，實爲使日本禪林傾向於文學的一大契機。（註四九）

華僧蘭溪道隆的《大覺禪師遺誡》謂：「參禪學道者，非四六文章，宜參活祖意，莫念死話頭」。前引日僧夢窗疎石的《三會院遺誡》亦謂：「如其醉心於外書，立業於文筆者，此是剃頭俗人也，不足以作下等」。至於南宋嘉定十六年（貞應二年，一二二三）至中國天童山學佛，師事長翁如淨而開悟，於寶慶三年（安貞元年，一二二七）東返，成爲日本曹洞宗始祖的希玄道元則訓誡其弟子懷奘等謂：「學人祇管打坐勿管他，佛祖之道只坐禪。」（註五〇）如從標榜教外別傳，不立文字之禪宗原有立場而言，將坐禪以修養佛法的基本功課拋諸腦後，而將寶貴光陰花在與佛法無關的舞文弄墨方面，這實可說是本末倒置。所以如從這種立場言之，則在禪林裏實不允許有任何文學的存在。雖然如此，事實上卻是「多見日本僧以文爲本，學道次之」。因此，蘭溪道隆、夢窗疎石、希玄道元等高僧之所以諄諄告誡其弟子們不可耽溺於文筆，要坐禪學佛，實可認爲此一時期的日本禪僧多醉心於文學或外典研究。（註五一）

日本禪林既有不少人醉心於文學或外典的研究，則其研究成果必有可觀者。仲芳圓伊曾批判一般世俗之詩論曰：

> 譚者曰：詩之所以作也，不亦難矣哉！該淹今昔，融液物象，而十科、四則、六關、十三梏、廿四品，能正厥聲律也，能正厥調度也，然後始可得言詩已矣。吁！隘矣，斯論。（註五二）

仲芳以爲這種說法太過跼蹐而難於伸展，禪者之詩不應如此而須具「正法眼」始能作出好詩曰：

> 夫詩猶吾宗具摩醯眼，此眼既正，則一視而萬境歸元，一舉而群迷蕩，所謂性情之發，不約而自然正焉。科品云乎哉！聲度云乎哉！然則能禪者而可以能詩也。（註五三）

亦即仲芳認爲：只要由禪之修行使摩醯眼，即正法眼——眞理之眼張開，則當自內心發現詩情，而無須爲科品、聲律等規矩費盡心思，也能作出上乘的詩篇來。如據仲芳的說法，只要把禪修養做好，便自然能作出好詩，所以修禪是作好詩的先決條件。對這個問題，岐陽方秀亦持相同的見解，曰：

> 一旦必當有自證自肯處，到這裏，做詩也好，做頌也好，做文章也好。（註五四）

由上舉數則文字看來，他們是在提醒禪者不可忘記自己本分，應回歸出家人的本來面目。他們之所以強調禪僧不可忘記自己本分，應可反證當時的日本禪林之肯定文學與作詩文之盛行。

當禪林肯定文學而又盛行作詩文時，便自然而然的產生如：「參詩如參禪，誠哉！斯言」（註五五）的詩禪一味論。尤其景徐周麟所言：

古人以陶潛稱詩家第一達摩，所謂：「采菊東籬下，悠然見南山」，得非少林拈華之旨耶？參詩參禪，安心豈有二乎！（註五六）

此乃認爲：像陶淵明似的通於詩而臻於安心立命之域，與參禪而獲得安心，都是一樣的，因爲安心並無兩個。換句話說，景徐是將禪僧之精進詩文正當化。當把精進詩文正當化以後，便自然而然的一味鑽研詩文。在此情形之下，他們也就理直氣壯的說：

◎禪與詩文一樣同，紫陽今不可無翁。當軒坐斷熊峰上，四海空來雙眼中。（註五七）

◎詩亦如禪我可參，不侵正位好司南。南詢算老類童子，五十過來一二三。（註五八）

◎浦口吹春浪抹青，旅房雞旦祝堯蓂。摩蘇味，試分直，詩是吾家《般若經》。（註五九）

而將詩與禪視爲完全相同的東西。也因爲如此，方纔有人毫無忌憚的說：「詩熟則文必熟，文熟則禪必熟。」（註六〇）亦即只要能把詩作得好，就能把禪修好。此既可說是他們的詩文觀之一大進步，也是他們將學外典正當化的必然結果。由於在日本室町時代（一三三六～一五七三）的禪僧們所愛讀的《詩人玉屑》，卷一，〈詩法〉裏有：〈趙章泉學詩〉、〈吳思道學詩〉、〈龔聖任學詩〉三個篇什，而每一篇什的開頭俱言：「學詩渾似學參禪」，所以他們這種詩禪一味的思想，應可謂模仿中國詩論而來。而他們所受中國詩論的影響，竟還影響到彼邦的和歌界，例如：仿前舉三首詩中的第三首末句：「詩是吾家《般若經》」說：「和歌乃本朝陀羅尼」、「因名和歌爲《無盡經》」等是。（註六一）由此觀之，原爲助道之一而被允許鑽研的文學，亦即「假俗文之體，爲吾眞乘之偈」（註六二）而作的詩文，在室町時代以後竟被視爲具有與參禪同樣的功效，亦即作詩文即等於參禪。在這種情況之下，原在參禪辨道上居於從屬地位的禪僧之詩文，居然由於他們本身之獨特的主張而呈現欲擺脫宗教的羈絆獨立的機運，此乃因偈頌與其他禪林文學之還俗已進展到某一程度之故。（註六三）

當日本禪僧的文學觀隨著時代的進展而由否定進爲允許作爲助道之一，再進爲肯定，更因隨著禪林之世俗化而肯定詩文本身之價值時，這個文學肯定論，也就提高了他們對中國禪僧之外集與一般文人之詩文集，從而使他們沉溺於鑽研作詩爲文，終於形成所謂「五山文學」，在日本漢文學史上，造成有別於昔日王官貴族所主宰，以漢唐古註爲主之另一個高峰。

此一高峰，也影響了日本十六世紀末至十七世紀初，亦即其近世初期的詩文研究，這就如出身京都相國寺的藤原惺窩所說：

夫是釋氏之業，倭歌者何也哉！嘗聞：「參詩如參禪」，然亦詩之於歌，同工異曲，如黼錦繡，背、面俱華。詩而佛，歌而仙，禹、稷易地者歟？昔有以《周詩》爲「吾家《般若經》」者，徹亦以兩卿（藤原定家、藤原爲家）爲《涅槃經》者也耶？豈啻哉！（註六四）

日本禪林的宋學──儒學研究，亦即他們的宋學──儒學觀，在這個時期已因欲以宗教的因素來將其正當化，致難免有淪爲宗教的渣碎之歎，故他們所走的此一道路，似乎已面臨其界限了。這可從江戶初期的臨濟宗僧侶以心崇傳所謂：

離詩無禪可參，離禪無詩可參。中古以來，五岳專倡文字禪，故詩道亦如歸叢社矣。（註六五）

獲得佐證。

第四節　宋學關係圖書之東傳

日本中世禪林既然醉心於研究朱子學，當然須要有此一學術領域的圖書供他們閱讀，以滿足其需要。因此，下文擬探討此一方面的問題。

禪宗雖然標榜「教外別傳，不立文字」。以「禪定三昧」之行，「一超如來地」。一切皆得「自肯自得，冷暖自知」，而有如《臨濟錄》〈語錄〉所謂：「三乘十二分教，皆是拭不淨故紙」，認爲五千四十餘卷的黃卷赤軸對修禪無甚裨益。但禪宗既是佛教的一個宗派，則它絕非忽視「戒」與「慧」。這就如前文曾提及菩提達摩曾攜帶《楞伽經》至中國，將它傳給二祖慧可。後來百丈懷海乃制訂《百丈清規》，以爲叢林之準繩。

唐代以前，中國佛教的各宗派固然堅守獨自立場，但宋代以後，卻有諸宗派融合的傾向，其中最明顯的例子，就是華嚴宗與禪宗的融合。據史乘的記載，華嚴宗的四祖澄觀清涼國師曾接受牛頭山慧忠，與徑山道欽之禪，而得牛頭山智威門下無名禪師之印可的禪僧，後來則從法詵學華嚴之玄旨云。清涼國師既有禪宗方面的造詣，又有華嚴宗方面的修養，所以他已有導致教禪一致的傾向。但使此傾向更邁進一步的，就是華嚴宗五祖圭峰宗密。圭峰曾歷參禪僧遂州道圓，荊南惟忠及奉國神照而大悟禪旨。（註六六）故他所著《起信論注疏》、《原人論》、《禪宗諸詮集都序》之教禪一致傾向相當濃厚。（註六七）此可由《禪宗諸詮集都序》卷上之將禪析爲「息妄修心宗」、「泯絕無寄宗」、「直顯心性宗」將教宗析爲「密意依性說相教」、「密意破相顯性教」、「顯示眞心即性教」三種，而將此兩者相互結合（註六八）之事獲得佐證。又，禪與淨土之結合，則在宋代已有徵兆，自宋末至元代，這種傾向尤爲明顯。迄至永明延壽出，禪、淨土兩宗的關係更爲密切，（註六九）這種現象，或恐是使禪僧們也傾向於研究佛典的因素之一。

如前文所說，將禪宗東傳日本的是日僧明庵榮西，他原在京都叡山學天台，通密教奧旨，曾於南宋乾道四年（仁安三年，一一六八），擬至中國探究教學之蘊奧，卻於途中在九州博多聞宋朝禪宗之興盛，故於抵大陸後，僅到廣慧寺即束裝歸國。（註七〇）故其將禪宗東傳日域，係在淳熙四年（文治三年，一一八七）再度至中國之際。明庵所傳的是臨濟宗黃龍派的虛庵懷敞之禪。如據其《興禪護國論》的記載，則其主張尚未能逸出教乘禪的範疇。亦即他所傳的內容仍保持教乘禪原有的面目，而他所開創之京都建仁寺，係將眞言、止觀、禪之三院並置且八宗兼學，故其立場在於「融通祖意教意」。

與明庵榮西同爲日本禪宗之奠基者圓爾辨圓，其宗風亦屬教乘禪之成分濃厚而八宗兼學，故當其開創京都東福寺時，係以「禪門、天台、眞言，備此三法」之三教兼學爲理想。而當時蘭溪道隆、兀庵普寧、無學祖元等中國僧侶之東渡，及日本僧侶南浦紹明與其法系之出現，日本禪宗方纔由教乘禪開展爲祖師禪。日本禪宗初期的泰斗夢窗疎石之所學固以祖師禪（註七二）之成分居多，但亦有教乘禪之傾向。由於夢窗的法統在日本南北朝時代（一三三六～一三九二）最爲隆盛，成爲彼邦禪宗之主流，故其教乘禪傾向之成爲一個伏流，使日本禪林關心內典，從而使他們從事此一方面之研究，並蔚爲風氣，此事實不難推知。

在中國禪院的教禪融合與學解的傾向濃密的影響下出發、發展的日本禪宗，它之步向與中國禪宗同樣的路子而有此傾向，這與其他中國文化之東傳一樣，乃必然的現象。並且從內部支持此一傾向，使之貫徹者，就是理論的精神與知識欲望。當此理論的精神昂揚，求知欲旺盛，思辨的態度被強化時，其研究對象之會逸出內典的範圍而及於外典，乃是自然趨勢。（註七三）因此，引發禪林研究外典的風潮之第一個契機當在此。

與中國禪林之有教禪融合之傾向一樣的，日本國內亦存在著使容易接受從事內典研究，及推進此一研究傾向的契機。其一就是前文所提奠定日本禪宗之基礎的明庵榮西、圓爾辨圓等僧侶之具有教僧的特性。其二則是與此契機發生密切的關係下，使禪宗不得不與天台、眞言等日本原有的佛教勢力妥協之歷史情勢。

榮西原是天台宗的學問僧，在京都叡山研究天台教學，獲傳燈大師稱號。他精通密教奧義，曾創密教之一個宗派──葉上流。他雖前後兩度至中國學佛，並嗣臨濟宗黃龍派僧侶虛庵懷敞之禪返國，然其回國以後的活動，卻爲其學問僧的教養所囿限，無法擺脫教乘禪的立場，此可由其主要著作《興禪護國論》，及他在京都、鎌倉等地之布教活動，與其所創建之建仁寺的架構看出其端倪。（註七四）榮西之所以撰著《興禪護國論》的目的在於反駁當時日本的兩大佛教勢力──南都（奈良的東大寺、興福寺、元興寺、大安寺、藥師寺、西大寺、法隆寺）、北嶺（京都的比叡山延曆寺）等之壓迫與抗議，但它並無作爲一個獨立宗派的主張，其內容仍屬八宗兼學而無法擺脫教乘禪的範疇。

與明庵榮西同爲日本禪宗之奠基者的圓爾辨圓，他雖曾至中國學佛而嗣華僧無準師範之法，且開創京都東福寺，然其宗風亦教乘禪的成分居多而八宗兼學。職此之故，其法孫虎關師鍊曾讚之曰：「整教綱而提禪綱」，法嗣無住則評之曰：「八宗兼學之明師，顯密禪之達者也。」（註七五）其所創建之京都東福寺更被評爲接近《宗鏡錄》之著者永明延壽之教禪融合之立場曰：「東福寺法門之大體，宗鏡之義勢也。」（註七六）可證。

禪宗東傳日本之初，既因明庵榮西與圓爾辨圓等僧侶之個人性向與教養，及因爲緩和日本原有的舊佛教勢力之壓迫與譭謗，並與之妥協，受到規範而不得不採教禪融合的立場，或朝學解的方向走，故其教乘禪的傾向極爲濃厚。在此以後，固有東渡日本的中國僧侶如：蘭溪道隆、兀庵普寧、無學祖元，及系出留華日僧南浦紹明之法系宗峰妙超、關山慧玄等僧侶之出現，而由教相的教乘禪逐漸展開成爲祖師禪，但日本禪宗的開展卻因其奠基者所流傳之教乘禪的傾向形成一個伏流，長久流傳下去，致引發他們對研究內典的關心，從而隨著時代之進展與其他各種契機相互盤繞，遂成爲加強彼邦禪林學習外典的風潮之契機，此一事實難於否認。（註七七）

對於禪的領悟，容或可以用種種方式來說明，畢竟是言詮所不及，而必須冷暖自知，無論以甚麼奇言妙句也都無法說明的佛性，使自己與一切相對的思辨無法達到的絕對之本身成爲「不二一體」，由自己觀看絕對，並據此絕對來發現自己，亦即要在自家屋裏見眞佛。（註七八）誠如芳賀幸四郎教授所說，禪者所領悟的，即使口若懸河也無法講明白，以百千萬言的註解，也無法說明清楚。由於其被說明的絕對在這個時候，並非相對化的絕對本身，因此，當要向別人表示自己所領悟的，或弟子提示自己所領悟者而請師父勘驗其是正或否，抑或師父提示自己境遇以誘掖弟子時，在禪的本質上，實不可能以語言文字來說明，亦即無法以概念符號來表示。故禪之所以標榜不立文字，厭惡概念的把握所謂的教理教相的原因在此。在另一方面，禪之所以用棒喝，重視臨濟義玄所謂全體作用而直率的直指該事物的方法，這在禪的本質上，乃理所當然之事。（註七九）對重視禪機的祖師禪而言，此固爲第一義的傳達知識的方式，惟此根據直觀的傳達方式，只要是倚靠直觀，則無論在時間上或空間上，其所傳達的，自非侷限於窄狹的範圍不可。禪僧如想將自己的內心世界廣泛的傳達給一般社會，或將它留傳後世，則他自非採取根據直觀之直指以外的方式不爲功。雖然如此，禪既然在其本質上，不許以概念符號來說明之傳達方式，而教乘禪容或在某種程度上允許採此方式，但祖師禪卻採峻拒的立場。在此情形之下，禪僧勢必利用第三種傳達知識的方式，亦即非採取以指示的象徵方式來傳達不可。例如：永嘉玄覺的《證道歌》，或〈寒山詩〉等，乍看起來，好像是在歌詠自然界的風物，其實是在表達其內心的風光與禪的宗旨。（註八〇）亦即禪僧們藉文字來表達自己之所悟或心境，但並非作概念的，而作象徵的表現、傳達之方式，而許多禪僧之投機的偈，或《碧巖集》裏的雪竇之偈頌，《無門關》裏的無門之偈頌等，即其典型事例。（註八一）由於使禪宗發達的中國是個重視文字的國度，復由於禪宗有長足進展的唐宋時代又是詩文極其興盛的黃金時代，更由於當時皈依禪宗或庇護禪宗的，大都爲上流知識階級，故更加助長了這種傾向。（註八二）

在上述情形之下，禪林間便流行製作含有宗教玄旨的韻文——偈頌，將自己內心的旨意傳達給別人。並且在他們之間，又興起製作與古則公案相對的拈弄、評唱、著語、下語等。迄至宋代，則更興起禪僧在住院時自致莊重華美的入寺法語，其周圍的人們則製作山門、諸山、道舊、法眷、江湖等疏以祝賀之風習。此外，每當將法號或字號授與弟子之際，則製作含有祝福與警策惕勵之意的「字說」；或於參加喪葬之際，也得從事佛事與製作法語。當此之時，他們所作偈頌、法語、字說的好壞便成爲對一個禪僧評價之高低的標準。於是原以道力的大小或道眼的明暗爲第一義的，如今卻不加聞問，而竟以文學的表現之巧拙作爲評價禪僧之標準的風氣逐漸興盛。在此風潮之下，雖然仍有爲道力、道眼而修行不懈者，但此風潮昂揚的結果，大多數的禪僧除他們本來應有的修養外，平日也留意於有關外典及詩文的修養，俾使自己有關故事成語的知識更加豐富。禪僧之對詩文與外典表示關心，從而加以研究並著述之風氣，這就如許多外集之出現所顯示，從唐末開始逐漸興起，至宋代而盛行。在此情形之下，其至中國修禪的日本僧侶與自大陸東渡扶桑的華僧們，他們不僅親身體驗了這種風潮，也還致力於將它移植東土。職此之故，日本禪林研究外典的風氣之所以興起，文字禪的傾向之所以能夠開展的必然性，在禪宗東傳之初便已具備了。（註八三）

日本古代的儒學係由中央的公卿、貴族執其牛耳，給彼邦此一學術領域造成一個高峰。當我們觀看其大學之制，便可知係以博士一人總攬教授，以儒教經義爲主而兼紀傳、文章。然自古代末年以來由於武士興起，原爲其經濟後盾的廣大莊園爲武士蠶食鯨吞，致凋零且政治勢力亦式微以後，其在學問研究方面的地位便從而走下坡。更由於他們的學問研究家學化，不將學問傳給自己門下以外的人的結果，其學問不但停滯不前而且僵化。爲打開這種僵化局面而引進清新的氣象，實爲當時日本學術界刻不容緩的問題。

在上述情形之下，好像順應著時代潮流似的上場的，就是一批曾經前往中國接受製作偈頌薰陶的日本禪僧們之陸續東歸，及一批對佛、儒兩教之修養俱佳的中國禪僧們之先後東渡扶桑。當他們回國或東渡後便成爲站在時代前端的，具有新知識與最進步之教養的人物而爲日本社會所迎接，並且就在這當中規範了他們在此社會所應走的方向，從而使他們的關心傾向於學問與教養方面。在此情形之下，他們也就扮演了百科全書家或具有學養的人物之角色，終於以學術上的修養來因應社會，尤其是其保護階層——武士階層之期待。（註八四）就禪僧立場言之，此一現象固難免有墮落之譏，卻由於他們之學問研究獲得一般社會人士之重視與尊重，故乃驅使他們從事外典研究，更使他們由禪僧轉變成爲學問僧的。

日本禪林既然傾向於學問研究，尤其傾向於宋儒新說之研究，則他們必需自中國進口此一方面的圖書。如據日本當時的紀錄如：《臺記》、《山槐記》、《宇槐記抄》或《通憲入道藏書目錄》的記載，則當時日本進口的宋代刊本與宋儒著作中，宋槧本有《周易正義》、《禮記正義》、《毛詩正義》、《左傳正義》、《經典釋文》、《巾箱本九經》、《尙書正義》、《前漢書》、《文選》、《白氏文集》等十種，而這些著作俱爲宋代以前之作品。宋人著作則有孫奭《孟子音義》，聶崇義《新定三禮圖》，無名氏《九經要略》，丁度等奉勅撰《禮部韻略》，陳彭年等奉勅撰《廣益玉篇》，歐陽修？《唐書》，歐陽修《五代史記》，蘇轍《史記列傳》，稅安禮《東坡指掌圖》，沈括《筆談》，明教契嵩《補教篇》，宋祈《楊文公談苑》，李昉等奉勅撰《太平御覽》、《太平廣記》，唐愼微《大觀證類本草》，姚鉉《唐文粹》，曾慥《皇宋百家詩》，王安石《臨川先生詩》等。孫奭、聶崇義等人雖亦爲北宋名儒，俱屬古註派而非朱子學派。新儒學學派在北宋時雖有周濂溪、張橫渠、程明道、程伊川、邵康節等大儒，南宋有程門高足四先生等，朱熹、呂祖謙、張栻等碩學，但管見所及，他們的著作未出現於十三世紀三十年代以前的紀錄。十三世紀三十年代以前刊行的新儒學關係著作雖有周敦頤《太極圖說》、《通書》，程氏《遺書》，張載《正蒙》，楊時《中庸解》，呂大臨

《大學解》，呂本中《童蒙訓》，謝良佐《上蔡語錄》，石憝《中庸集解》，張九成《中庸說》，朱熹《近思錄》、《論孟精義》、《論語集註》、《西銘解》、《周易本義》、《詩集傳》、《孟子集註》，呂祖謙《讀詩記》，張栻《南軒集》等，亦未見諸當時載籍。

宋學關係圖書東傳日本之可資查尋的，當首推於南宋理宗端平二年（嘉禎元年，一二三五）至中國師事徑山無準師範，獲其印可之圓爾辨圓，於淳祐元年（仁治二年書，一二四一）回國之際帶回的數千卷內、外典籍。如據辨圓《年譜》的記載，他曾於病中自製《三教典籍目錄》存放於京都東福寺普門院書庫，而此事並見於虎關師錬著《元亨釋書》〈圓爾傳〉。辨圓自編之《目錄》雖已亡佚，卻有《常樂目錄》與《明德目錄》可資查考。所謂《常樂目錄》，就是庋藏於東福寺塔頭常樂庵的《普門院經論章疏語錄儒書等目錄》的簡稱，《明德目錄》則是《普門藏書明德目錄》的簡稱，它於日本北朝明德二年（一三九一）七月十三日當時居住東福寺的知有禪師所改編。（註八五）如據足利衍述教授據此《目錄》所為之研究，（註八六）則辨圓帶回日本的朱子學派關係圖書如下：

○《呂氏詩記》五冊：《明德目錄》註為「唐」，即唐本之簡稱，亦即宋槧本。此係呂祖謙之讀《詩》記。

○《胡文定春秋解》四冊：此係胡安國之《春秋傳》，朱子學派尊為標準之《春秋》註解書。文定為安國諡號。《明德目錄》註曰：「脫漏」，則在當時其部分卷帙已經脫漏。

○《無垢先生中庸說》二冊：宋槧本。無垢為張九成之號。

○《晦菴大學》一冊：宋槧本。晦菴為朱熹之號。此書或許為《大學章句》。

○《晦菴大學或問》三冊：此書未見於《明德目錄》，可見在當時已亡佚。

○《晦菴中庸或問》七冊：《明德目錄》註曰：「脫漏」，如從其冊數推之，可能係將《中庸章句》併入其中。

○《論語精義》三冊：宋槧本。朱熹著。

○《論語直解》三冊：宋槧本。朱震、薛季宣、汪革等人俱有與《論語直解》同一書名之著作。此三子均為程子之再傳弟子。雖無從得知此書之著究竟出自何人之手，惟因朱震所註者早已刊行之事，見趙希辨之〈跋〉及《郡齋讀書志》〈附志〉，並且《明德目錄》又言其為宋槧本，故可能為朱震所註。

○《孟子精義》三冊：宋槧本。朱熹著。

○《晦菴集註孟子》三冊：未見於《明德目錄》，當時已亡佚者，亦為朱熹所著。

○《五先生語》二冊：《明德目錄》寫作《五先生語錄》，宋槧本。王應麟《小學紺珠》稱周茂叔、程明道、程伊川、張橫渠、朱晦菴為五先生。

由辨圓齎回日本的宋儒著作雖多，其非屬朱子學派者，均予省略。

除上舉者外，宋代禪僧之治儒術而其著作復與日本儒教有關者，則有如下數種：

○《鐔津文集》：十冊。宋槧本。

○《鐔津文集》：五冊。宋槧本。
○《北礀文集》：六冊。宋槧本。
○《北礀文集》：四冊。宋槧本。如據《明德目錄》的記載，似爲詩集。
○《北礀外集》：一冊。宋槧本。
○《癡絕語錄》：一冊。
○《無準和尚語錄》：二部，各三冊。

以上所舉之朱子學關係圖書的數量與種類雖不多，但這只不過是辨圓和尚個人帶回的，由於宋代中日兩國僧侶、商賈之往來頻繁，貿易亦非常興盛，（註八八）故經由他們之手帶至日本的此一方面的圖書必不在少數。（註八九）

【註釋】

註　一　鄭樑生，《元明時代東傳日本的文獻——以日本禪僧爲中心》（臺北，文史哲出版社，民國七十三年八月），頁二六。

註　二　《元史》，卷二〇，〈成宗本紀〉，三，大德三年（一二九九）三月癸巳條云：「命妙慈弘濟大師江浙釋教總統補陀僧一山齎詔使日本。詔曰：『有司奏陳：向者世祖皇帝嘗遣補陀禪僧如智及王積翁等，兩奉璽書通好日本，咸以中途有阻而還。爰自朕臨御以來，綏懷諸國，薄海內外，靡有遐遺。日本之好，宜復通問。今如智已老，補陀寧一山，道行素高，可令往諭，附商舶以行，庶可必達。朕特從其請，蓋欲成先帝遺意耳。至於惇好息民之事，王其審圖之！』」有關一山一寧東渡日本事，請看鄭樑生，《明史日本傳正補》（臺北，文史哲出版社，民國七十年十二月），頁九八。

註　三　參看辻善之助，《日本佛教史》，第四冊，中世篇，三（東京，岩波書店，昭和四十五年二月），頁八〇～三五一。

註　四　註一所舉書，頁二七。

註　五　同前註。

註　六　玉村竹二，〈禪と五山文學〉，收錄於《日本禪宗史論集》，上冊（京都，思文閣，昭和五十五年一月），頁一〇二七。

註　七　玉村竹二，〈禪林文學の一性格〉，收錄於《日本禪宗史論集》，上冊，頁八五六。

註　八　同前註。

註　九　同前註。

註一〇　同註七所舉論文，頁八五四。

註一一　同前註所舉論文，頁八五五。

註一二　同前註。

註一三　同前註。

註一四　玉村竹二，前舉〈禪と五山文學〉，頁一〇二八。

註一五　玉村竹二，註一四所舉論文，一〇二八～一〇二九。

註一六　玉村竹二，註一四所舉論文，一〇二九。

註一七　玉村竹二，〈五山禪林の文藝〉，收錄於《日本禪宗史論集》，上冊，頁九五四。

註一八　同前註。

註一九　玉村竹二，前舉〈禪林文學の一性格〉，頁八五七。

註二〇　同前註所舉論文，頁八五七～八五八。

註二一　鄭樑生，《元明時代東傳日本的文獻——以日本禪僧為中心》，頁二七～二八。

註二二　絕海中津，《蕉堅稿》（收錄於伊藤貞一，《鄰交徵書》，二篇，卷一，〈詩文部〉）〈序〉云：「日本絕海禪師之於詩，亦善鳴者也。壯歲挾囊乘艘，泛滄溟來中國，客於杭之千歲品，依全室翁以求道，暇則講乎詩文。故禪師得詩之體裁，清婉峭雅，出於性情之正，雖晉唐修徹之輩，亦弗能過之也」。

註二三　參看上村觀光，《五山文學全集》，第二冊（京都，思文閣，昭和四十八年二月）所輯義堂周信，《空華集》，及玉村竹二，《五山文學——大陸文化紹介者としての五山禪僧の活動》（東京，至文堂，昭和四十一年五月）。

註二四　武內義雄，《東洋哲學史》〈支那〉（東京，岩波書店。岩波講座，東洋思潮），頁五六。

註二五　芳賀幸四郎，《中世禪林の學問および文學に關する研究》（京都，思文閣，昭和五十六年十月），頁五一～五二。

註二六　足利衍述，《鎌倉室町時代之儒教》（東京，有明書房，昭和四十五年五月，重刊本），頁二二五～二二九。

註二七　虎關師鍊，《元亨釋書》，卷二，〈榮西傳・贊〉。

註二八　虎關師鍊，《濟北集》，卷一七，〈通衡〉之二。

註二九　虎關師鍊，《濟北集》，卷二〇，〈通衡〉之五。

註三〇　義堂周信，《空華集》，卷三二〈中巖傳〉云：「中巖錯綜三藏，收其秘詮，驅逐五車，嗜厥肥潤。揮言（筆）萬言立就，胸中槖籥，動而愈出。本朝淄林，有文章以還，無抗衡者，可謂空前絕後也」。竺仙梵僊，《天柱集》〈示中岩首座〉則曰：「如中巖者，學通內外，乃諸子百家，天文地理，陰陽之說，發而爲文，則郁郁乎其盛也」。

註三一　中巖圓月，《中正子》〈問禪篇〉。

註三二　中巖圓月，《東海一漚集》〈辨朱文公易傳重剛之說〉。

註三三　義堂周信，《空華日用工夫略集》（東京，太洋社，昭和十四年四月），應安四年（一三七一）卷末〈附記〉。

註三四　義堂周信，《空華日用工夫略集》，永德元年（一三八一）九月二十二日條。

註三五　義堂周信，《空華日用工夫略集》，永德元年（一三八一）九月二十五日條。

註三六　義堂周信，《空華日用工夫略集》，應安四年（一三七一）六月三日條。

註三七　雲章一慶，《雲桃抄》〈報本章〉。
註三八　翶之慧鳳，《竹居清事》〈晦菴序〉。
註三九　仲芳圓伊，《懶室漫稿》，〈野橋梅雪圖詩序〉。
註四〇　季弘大叔，《蔗軒日錄》〈先天字說〉。
註四一　咲雲清三，《古文眞寶抄》，前集，〈朱文公勸學文〉。
註四二　文之玄昌，《南浦文集》〈與恭畏阿闍梨書〉。
註四三　鄭樑生，前舉《元明時代東傳日本的文獻》，頁四〇。
註四四　鄭樑生，前註所舉書，頁四〇～四一。
註四五　同前註。
註四六　鄭樑生，註四四所舉書，頁四一。
註四七　同前註。
註四八　同前註。
註四九　芳賀幸四郎，《中世禪林の學問および文學に關する研究》，頁五一～七〇。玉村竹二，《五山文學—大陸文化紹介者としての五山禪僧の活動》，頁五一～六〇。
註五〇　希玄道元，《正法眼藏隨聞記》（東京，岩波書店版），第一，一一。
註五一　芳賀幸四郎，前舉書，頁二四五～二四六。

註五二　仲芳圓伊，《懶室漫稿》，卷五，〈寄得中座元詩序〉。

註五三　同前註。

註五四　岐陽方秀，《不二遺稿》〈送南窗藏主還鄉〉。

註五五　橫川景三，《補菴京華集》〈梅雪齋詩後序〉。

註五六　景徐周麟，《翰林胡蘆集》〈容安齋記〉。

註五七　桂菴玄樹，《島隱集》，上，文明丁酉年（明成化十三年，文明九年，一四七七）〈汝南翁席上用同字和者十章之一首〉。

註五八　桂菴玄樹，前註所舉書，上，文明己亥（明成化十五年，文明十一年，一四七九）元旦〈呈雲龍老師，蓋隨例記愚齡也〉。

註五九　萬里集九．《梅花無盡藏》，第三，〈正月一日試分直〉。

註六〇　萬里集九．前註所舉書，第六，〈答仲華文六篇詩序〉。

註六一　以上參看芳賀幸四郎前舉書，頁二五二。

註六二　義堂周信，《空華日用工夫略集》，應安三年（一三七〇）二月二十三日條。

註六三　同註六一。

註六四　藤原惺窩，〈書正徹老人親筆倭歌後〉。

註六五　以心崇傳，《翰林五鳳集》〈序〉。

註六六　宇井伯壽，《禪源諸詮集都序》〈後記〉。

註六七　芳賀幸四郎，前舉書頁二三～二四。

註六八　芳賀幸四郎，前舉書頁二四。

註六九　同前註。

註七〇　明庵榮西，《興禪護國論》，第五，〈宗派血脈門〉云：「予日本仁安三年（一一六八）戊子春，有渡海之志，至鎭西博多津。二月，遇兩朝通事李德昭，聞傳言有禪宗弘宋朝。云云。渡海到大宋明州，初見廣慧寺知客禪師」。

註七一　《一山國師語錄》，卷下，〈千光法師贊〉。祖意，祖師（菩提達摩）西來意的簡稱，亦即祖師從印度到中國來的意思。教意，佛爲芸芸衆生所說之教的本意。言教外別傳的禪宗，它參究祖師西來意，與教意相對的尊重祖意。《傳燈錄》，二二，〈巴陵見章〉云：「師住後，僧問：『是同？是別？』師曰：『雞寒上樹，鴨寒入水』」。

註七二　祖師禪，就是祖師菩提達摩正傳之禪之意，特指教外別傳不立文字之六祖慧能派下之南宗禪而言。圭峰宗密（七八〇～八四一）將禪析爲外道禪、凡夫禪、小乘禪、大乘禪、如來清淨禪五種，而以如來清淨禪爲最上，以爲達摩之所傳。然後世禪者以宗密之如來禪仍偏於理而未能顯示眞正之禪，故將傳眞禪之南宗禪名爲祖師禪，將它置於如來禪之上最早使用祖師禪一詞者，可能爲仰山慧叔（八〇三～八八七）。《傳燈錄》，一一，〈仰山慧叔〉章云：「師曰：『汝只得如來禪，未得祖師禪』。」櫻井景雄，〈禪

宗主流の成立とその性格〉，收錄於高瀨重雄編，《中世文化史研究》。

註七三　芳賀幸四郎，前舉書頁二七。

註七四　芳賀幸四郎，前舉書頁二八～二九。

註七五　無住，《雜談集》。

註七六　同前註。

註七七　芳賀幸四郎，《中世禪林の學問および文學に關する研究》，頁三〇。

註七八　同前註所舉書，頁三三。

註七九　同前註所舉書，頁三三～三四。

註八〇　同前註所舉書，頁三四。

註八一　同前註。

註八二　同前註。

註八三　同前註所舉書，頁三四～三五。

註八四　同前註所舉書，頁三六。

註八五　足利衍述，《鎌倉室町時代之儒教》，頁四五。

註八六　足利衍述，前註所舉書，頁四五～四七。

註八七　如據《普門院經論章疏語錄儒書等目錄》所記，則圓爾辨圓帶回日本的圖書，除佛教經典及僧侶們之著作外，尚有許多有關經、史、子、集等各方面的著作。

註八八　有關宋代中、日兩國貿易的情形，請參看森克己，《日宋貿易の研究》（東京，國立書院，昭和二十三年）。

註八九　有關元明時代東傳日本的圖書問題，請參看拙著，《元明時代東傳日本的文獻——以日本禪僧爲中心》（臺北，文史哲出版社，民國七十三年八月）。

第四章　東傳途徑與相關人物

第一節　十二世紀以前的日本儒學

自從儒家經典《論語》於三世紀八十年代，由旅居百濟的漢高祖後裔王仁東傳日域以後，復有阿直岐、王辰孫等先後渡日傳布儒術，從而彼邦人士之學儒者源源不絕。迄至繼體天皇之治世（五〇七～五三一），百濟獻五經博士段楊爾，傳《五經》，而其他儒書亦相繼東傳，於是朝廷遂有研讀者。如據日本史乘的記載，聖德太子曾於推古天皇十二年（六〇七）制訂「憲法十七條」，其條文多取材於儒家經典，可見儒學東傳以後不久，已對日本產生巨大影響，且可由此推知聖德太子鑽研儒家經典之深，與其所受儒家思想影響之端倪。

七世紀以前的儒學，係經由百濟東傳日本，惟自聖德太子於推古天皇八年(六〇〇)遣使至隋（遣隋使）以後，中國學術便自中土直接傳至日本。聖德遣使至中國時，除派遣使節外，也還派遣留學生與留學僧。那些留學生與留學僧在隋末或唐初歸國，將儒學與佛法直接傳至日本。當時，中大兄皇子（天智天皇）與中臣（藤原）鎌足等，曾從留華歸朝之新儒南淵請安學習周孔之道。於誅權臣蘇我入鹿後，輔佐孝德天皇（六四五～六五四在位）從事政治革新（大化革新），即位（六六八）後則設學校以施教化，而留華學生高向玄理與留學僧旻對此一方面之功至偉。

天武繼天智之後採隋唐之典章制度，訂律令。在中央設大學，地方置國學，且以儒家經籍爲其教本，以培養各級政府官員。惟值得注意的是聖德太子以後的日本儒學，係以經義爲根本，自倫理綱常以至於制度、律令，俱以實用爲主而不馳騁於虛文，故「學道」實爲當時之學風，亦即雖承襲漢唐訓詁之風，卻不拘泥於此而取儒家之精神。（註一）

文武天皇（六九七～七〇七在位）即位後，設大學之制，以博士一人總攬教授以儒家經義爲主而兼紀傳、文章。然在元正天皇（七一五～七二四在位）在位之頃，曾置文章博士；聖武天皇（七二四～七四九在位）時則改定此制而以大學博士爲明經博士，使之專講經義，使文章博士職司文章、紀傳。自此以後，文章漸盛而經義則逐漸呈現衰頹之兆。此乃由於唐代勅撰《五經正義》以爲士大夫之教科書，非學此則不能參與科舉以立身，而此一辦法實囿限了學子之學習，阻礙其進步，故唐代儒學之衰廢實肇因於此。（註二）由於日本的學制雖完全模仿唐朝，但在大學博士一人的時代，其學問既未逸出實用的範疇，也未失去儒教的眞髓。惟當設置明經博士以後，其經義竟墨守唐制而立家法，除注疏外不雜任何異說，終至連句讀亦有家法而不傳他人，結果，便陷於固陋迂闊而不實用。在此情形之下，明經博士的工作便自然侷限於講解注疏，與當朝廷在禮樂或儀式上發生疑問時引經義予以說明而已，故其適用範圍甚爲窄狹，遠不如文章博士之經常職司日常之應對進退方面，所以這種現像便成爲日本儒學停滯不前的主要因素。（註三）在上述情形之下，文章博士的勢力便日益增強，至嵯峨天皇之治世（八〇九～八二三），其位階已被置於諸博士之上。（註四）

桓武天皇於七九四年（唐貞元十年，日本延曆十三年）自平城京遷往平安京以後，除繼續勵精圖治外，也注重文教政策。故曾經下王者以教爲先之詔，增加大學生員額，增設勸學田（註五），並親自監試「對策」。平城天皇（八〇六～八〇九在位）廣讀經史而尤工於文藻，且下詔給諸王及五位以上之子弟之十歲以上者入大學，分業學習。嵯峨天皇（八〇九～八二三在位）尤好讀書，善屬詩文，得草隸之妙。每於遊獵行幸之時，命侍臣唱和獻詩。淳和天皇（八二三～八三三在位）則使諸氏子孫盡入大學習經史，其學業之堪用者，便量才授職，以資鼓勵。仁明天皇（八三三～八五〇在位）亦喜愛儒學，博覽群書而最好經史，且兼愛文藻，能辨漢音之清濁。至於清和天皇（八五八～八七六在位），除盡心於政事外，也好讀書傳。而其後之宇多天皇（八八七～八九七在位）亦擅長儒學，此可由其〈寬平遺誡〉的文字中看出端倪。迄至醍醐天皇（八九七～九三〇在位）之治世，則常使博士講授《日本書紀》、《漢書》、《春秋穀梁傳》諸書，或御南殿召明經博士討論經義。在上者愛好儒學的情形既如此，朝野之士必有甚焉者。（註六）

當時以仕宦爲目的赴京入大學者不少。京師有大學，地方有國學，而地方士子亦可經由國學的推薦入大學。當時大學分爲紀傳(後改稱文章)、明經、明法、算四道，修完各該課程，並經考試及格，即可分發至政府機關任職。當時除官學外，有財勢之貴族亦設學校以教導其子弟，如：和氣氏的弘文院，藤原氏的勸學院，橘氏的學館院，在原氏的奬學院等，而弘文院所典藏內外圖書多達數千卷云。其作爲皇室子弟學習的處所則有淳和院，後經大江音人、菅原清公奏請，在大學寮內建文章院，析爲東西兩曹，以東曹屬大江家，西曹爲菅原家學舍。至於釋空海（弘法大師）爲教育平民子弟設於京都的綜藝種智院，則兼授內典與外典。（註七）

歷代天皇既銳意於政教，復有貴族之家設學校以教導子弟，則必人才輩出而文化更爲昌隆。當時皇子、諸王之在儒學方面享有令譽者有桓武之子葛原親王熟悉舊典，葛多親王精於譜學，良岑安世（七八五～八三〇）長於文藻。平城有子高岳親王（七九八～八六五）遠涉重洋，欲至天竺探究佛蹟。嵯峨諸子源信、源弘、源常、源寬、源明等則莫不愛好學問而通史傳，亦有兼善書法、繪畫、音律者。其女智子內親王則富詩才而其詩見錄於《經國集》，有才媛中秀才之譽。至於淳和之子恒貞親王（八二五～八八四），亦以非常之器著稱於世。

在公卿方面，則有綜理朝政的藤原冬嗣（七七五～八二六）、良房（八〇四～八七二）、基經（八三六～八九一）之輩。清原夏野（七八二～八三七）通於治體；藤原緒嗣（七七三～八四三）懷經濟之才；藤原三安、安倍安仁明於決斷而處事迅速。菅原氏則三世爲文學宗師，而清公（七七〇～八四二）以邦國元老著稱，是善傳家學，著述多。道眞（八四五～九〇三）則登臺鼎而致鹽梅之術。至與道眞同時者則有三善清行（八四七～九一八），通時務，博學治聞，爲一世所推。

如從文學方面觀之，當時有小野篁（八〇二～八五二）、春澄善繩、大江音人（八一七？～八七七）、都良香（八三四～八七九）、橘廣相（八三七～八九〇）、大藏善行、藤原佐世（？～八九八）、紀長谷雄（八四五～九一二）俱通經史而各有所長。書法有嵯峨（七八六～八四二）、空海（七七四～八三五）、橘逸勢（？～八四二）三筆，已能擺脫漢唐影響而自創一格。在陰陽五行方面，則有茲岳川人、弓削是雄等人較著。

當時之詩文著作除《凌雲集》、《文華秀麗集》、《經國集》等總集外，別集有菅原氏之《三代集》，空海之《性靈集》，都家之《都氏文集》等。類書方面則有大江音人之《群書要覽》四十卷，滋野貞主與諸儒將古今書予以分類撰錄之《秘府略》則多至千卷以上。此外，《大同類聚方》百卷，係安倍貞道與出雲廣直等於日本大同年間（八〇六～八一〇）奉勅纂輯之醫書。至滋岳川人之《指掌宿曜經》、《金匱新經》、《滋川新術遁甲書》等，乃是陰陽學之書。而《三代格式》、《令義解》、《令集解》、《六國史》（註八）等，亦俱爲漢文著作。由此可知，此一時期之漢文著作已經相當豐富。

日本的學校制度雖模仿唐制，但在中國爲任用官吏所舉行之科舉制度在日本沒有實施。日本的大學四道中，從平安時代（七九四～一一八五）以後興起者爲紀傳道（文章道），自此詩學、歷史學發達。然就其文章道而言，在大學經過考試後爲擬文章生，接著通過式部省的文章生試以後就成爲文章生。然後從其中遴選兩名爲文章得業生。文章得業生在經過七年的學習過程後，經文章博士之推舉參加方略考試及格後爲秀才。秀才再經考對策及第，方纔能夠擔任官職。所以他們自進入大學以後，至能獲官職的路程既遙遠，其過程也相當艱辛。不過，這種任用制度僅是對一般學子而言，其有財有勢的卻不必走如此漫長的路子享有特權。

其享有特權的就是上層貴族的子弟，他們可以靠蔭子蔭孫的制度獲得官職，所以一開始就含有大學與國學只侷限於以中下層官吏的子弟爲對象的機能與意味。更有進者，其成爲四道之中心的博士，與特定的家庭結合而家學化，故私人的要素非常濃厚。進入大學、國學，然後經由考試任官，固爲不拘門第而唯才是用的律令制度之一，卻由於氏姓制度的殘存勢力根深柢固，致原本立意良好的制度發生破綻。也因爲如此，方使其平安時代的儒學家學化顯著起來。就文章道而言，文章博士由出身菅原家、大江家、藤原之式家、南家、北家之日野家來擔任，而以菅原、大江兩家所佔比例爲尤重。結果，秀才也自然侷限於此兩氏之門人。至其新設文章院之東西曹司，也各爲菅原、大江兩氏的學統所獨佔。尤其三代連續出了博士的菅原家，首將文章道作其家學，致其所辦私塾有「菅家廊下」之稱。就明經道而言，也早成爲中原、清原兩家之家學。明法道在初時固爲惟宗、小野兩氏所獨佔，然在十二世紀中葉以後，卻爲坂上、中原兩家所取代。至於算道，則由小槻、三善二氏佔據著。因此，在中下層官吏的社會裏，雖與其仕宦不無關聯，但並無掩覆整個官吏制度即爲官司制度的機能與意味。

日本平安時代門閥世襲之風不獨官界如此，學界諸道亦如前文所說，亦成一家之業。所謂四道專門之家發於前期之末而成於後期前半。而四道以外的醫學、天文、曆法、陰陽道亦各成爲專門之業。學術既已歸爲一家之業，則才人能士自無角逐競爭之餘地而無法望其進取向上之風氣，因而儒學之頹廢自屬必然。

在上述情形之下，日本中世的儒學已由公卿貴族轉至僧侶之手。因佛教經典以漢字書寫，故華學成爲僧侶必修之課程而鑽研訓詁之學。迄至鎌倉（一一八五～一三三三）末期以後，因大陸文物爲大家所喜愛而禪宗又興起，故充滿復興儒學之機運。然此並非回歸漢唐訓詁之學，乃欲學習宋人程明道、朱晦菴等人所倡性理之說。宋朝禪僧採朱熹新註之精神，多言儒禪一致說，而日本之留華僧侶亦不斷輸入宋儒哲學，以五山爲中心探究宋學旨意。其成爲五山禪林之儒教主流者，乃在鎌倉時代奉元成宗之命東渡招諭日本未歸之浙江普陀山僧一山一寧（一二四七～一三一七），及其門流。如：《元亨釋書》之作者虎關師鍊（一二七八～一三四六），室町幕府之創建者足利尊氏之師而又建京都天龍寺的夢窗疎石（一二七五～一三五一），及夢窗門下的義堂周信（一三二五～一三八八）、絕海中津（一三三六～一四〇五）等是。因受五山儒學研究之刺激，公卿貴族之間亦風行研究朱子新註。地方儒學亦受此影響，致有凌駕五山之勢。抑有進者，其學反映了地方武將之道德規範的性格，故不似五山派之始終於講書、抄書、作詩文方面，而且強烈的精神的、政治的色彩，成爲近世儒學之源流。

第二節　朱子學的東傳途徑

如據足利衍述的研究，有關朱子學東傳日本問題的學說，明治（一八六八～一九一二）以前有二十餘家，依其發表論著之先後次序，則在江戶時代(一六〇三～一八六七)有山崎闇齋的《垂加文書》卷二〈答眞部仲庵書〉，藤井懶齋的《國朝諫錚錄》卷下〈垂水廣信傳〉，貝原益軒的《和事始》，《四書大全》卷首所引中村惕齋之語，松下見林的《本朝學原》，永井定崇的《日本通紀》，寺島良安的《和漢三才圖繪》卷七一〈地部．伊勢國條〉，幸島宗意的《倭板書籍考》，谷秦山的《朱學傳來記》，跡部良顯的《日本儒學傳》(又《南山編年錄》)，日野弘資的《日記》，柴橋文昭軒的《新書籍目錄》，川田雄琴的《學談敗鼓》卷下，鈴木煥卿的《撈海一得》卷下，小宮山楓軒的《楓軒偶記》，太田錦城的《九經談》卷三，茅原長南的《茅窗漫錄》卷上，近藤正齋的《書籍考》，石上宣續的《卯花園漫錄》卷五，伊地知季安的《漢學紀原》卷一，岡本況齋的《程朱新釋考》等。明治時代則有花岡安見發表於《國學院雜誌》第六卷第八、九、十一號的〈朱子學傳來〉，井上哲次郎的《日本朱子學派の哲學》，川田鐵彌的《日本程朱學の源流》，西村時彥的《日本宋學史》等。此外，雖尚有在井上、川田、西村諸人之前後論及朱子學東傳日本之問題者，但因多祖述上舉各家之說，故乃從略。(註九)

足利衍述認爲上舉諸家之說雖不一，卻可歸納爲如下三端：①將弘揚、倡導朱子學者誤認爲東傳者。②將數次的朱子學關係圖書之船載誤認爲是首次。③誤信虛構之說。(註一〇)足利復認爲伊地知季安雖因言京都泉涌寺僧俊芿法師於南宋時代至中國學佛東歸時，曾經攜帶大量漢籍而想像在那些圖書中可能有朱熹集註之《四書》，惟因其言之根據薄弱，不出臆測之範疇，致爲井上哲次郎、西村時彥等人所否定。足利並且引伊地知季安《漢學紀原》卷一〈新注〉之言：

俊芿，建久十年（一一九九）浮海遊宋。明年至四明，實寧宗慶元六年而朱子卒之歲也。居十二年，嗣法北峰，士庶崇尊。云云。其歸則多購儒書，回于吾朝，乃順德帝建曆元年（一二一一），而寧宗嘉定四年，（朱子門人）劉爚刊《四書》之歲也。據是觀之，《四書》之類入本邦，蓋應始乎俊芿所齎回之儒書也，書以竢博識爾。

以為此言即是造成被井上、西村等人否定的原因。雖然如此，足利卻認為當深入探究史實時，即可發現朱子學確由俊芿首傳日本之證據，所以伊地知季安之說雖屬想像，但可信之不誣。（註一一）

在探討不可棄俊芿是否為首將朱子學傳至日本者之問題以前，擬先考查日本臨濟宗始祖明庵榮西是否曾經扮演過傳播者的角色？

明庵榮西（一一四一～一二一五），號葉上房。備中（岡山縣）人。後來稱千光祖師。俗姓賀陽。鎌倉時代禪僧。自幼聰敏超群，八歲時已善讀《俱舍》、《婆娑》二論云。年十四落髮，登叡山戒壇，學顯、密二教而極其蘊奧。南宋孝宗乾道四年（仁安三年，一一六八）四月，至中國學禪。他認為如要復興日本天台宗就需要禪，故於孝宗淳熙十四年（文治三年，一一八七）再度入宋。他原為求法赴天竺，卻未能如願。故乃從天台山虛庵懷敞學臨濟禪，並獲其法脈，於光宗紹熙二年（建久二年，一一九一）回國，前往九州誓願寺布教。八年後，至鎌倉，受幕府皈依，建壽福寺以倡禪教。又三年，復於京都創建仁寺，以為圓（天台）、密（真言）、禪三宗一致之寺院。他又主張堅守戒律，以圖革新日本宗教界。更當奈良東大寺之募款總負責人，以謀該寺之復興。寧宗嘉定八年（建保三年，一二一五）七月五日示寂，年七十五。著有《興禪護國論》、《出家大綱》、《喫茶養生記》等。（註一二）其墨蹟〈盂蘭盆緣起〉則典藏於福岡市今津誓願寺，經日本政府指定爲國寶。

明庵榮西不僅是日本臨濟宗的開祖，也曾模仿宋朝之建築風格興建佛寺，更將茶樹帶回日本繁殖，弘揚飲茶風氣，給日後日本人之日常生活造成極大影響。當他再度入宋時，與儒者竇從周交往，（註一三）從周的學統如次：

張南軒
朱晦菴　游九言　竇從周

南軒與晦庵爲同學之友，九言則是受學於張、朱二子者。從周初時從九言學，後來則師事晦菴，而《朱子語類》〈池錄〉十四乃從周所錄。明庵榮西既與從周遊，則他必接觸了朱子學之緒餘。（註一四）

我們從明庵之著作，及《元亨釋書》所載之傳記，雖可知其通曉儒書，然其歸國前後的活動裏言儒之事卻未見載籍，故只能說他通儒術及曾接觸朱子學之緒餘而已，無法確言他曾爲倡導朱子學而盡其心力。

如據俊仍之弟子信瑞所撰《泉涌寺不可棄法師傳》，虎關師鍊撰《元亨釋書》，卷一三，師蠻撰《本朝高僧傳》，卷五八等的記載，俊仍，字不可棄，肥後（熊本縣）飽田人。俗姓藤原。生於六條天皇仁安二年（南宋孝宗乾道三年，一一六七），這年相當於朱晦菴三十八歲編次《程氏遺書》之時。他幼孤而倚靠乃舅……池邊寺之珍曉。七歲時已能讀佛典，且能背誦云。味木之吏員源憑，愛其聰慧，乃以之爲養子，且名之曰：「自然」。年十四，從飯田山寺之眞俊學顯、密二教。四年後落髮。十九歲時，在九州大宰府觀音寺受具足戒，苦學力行，學業因而有長足進展。日本建久十年四月，偕其兩位弟子買棹西航，於朱子去世之前一年（寧宗慶元五年，一一九九）五月抵華。（註一五）歷遊兩浙名刹，及登天台山，旋至雪竇之中巖咨受禪要。翌年春，轉往四明景福寺師事了弘，學律部凡三年。因聞北峰和尚之名聲，乃轉至華亭進超果教院從學八年。北峰見俊芿之學問、德行出類拔粹，推輓不已，而其同儕之就教於他者亦夥。嘉定四年（建曆元年，一二一一）二月，自浙江明州（寧波）乘船東歸，返國時攜帶律宗經典三百二十七卷，天台章疏七百十六卷，華嚴章疏百七十五卷，儒書二百五十六卷，雜書四百六十三卷，及其他圖書、碑帖、器物等多數。明庵榮西聞其歸國，乃馳往博多，將其迎往京都，率衆接待，甚爲懇切。鎌倉幕府執權（職稱）北條泰時，懇請其至鎌倉，以受菩薩戒；而當時天皇順德（一二一〇～一二二一在位），亦召而從其受戒。嘉祿元年（南宋理宗寶慶元年，一二二五）十月，興建講堂，於明年春季始開講席，而聽衆滿室，名聲大噪。當時聽衆有法相宗之俊秀貞慶，延曆寺座主慈圓等皆請益於他。藤原道家、德大寺公繼等名卿鉅公亦欽佩其風格而受教於其門下。嘉祿三年閏三月八日圓寂，世壽六十一。著有《佛法宗旨論》、《念佛三昧經》、《坐禪事儀》各一卷，《三千義備撿》二卷。

俊芿生性淡泊，不事浮華，所得施利，皆充修營，絲毫不以之爲私有，而弘法持律，寤寐於此，故在宋期間，爲北峰和尙所推舉。當他前往首都臨安時，即爲史彌遠、錢象祖、樓昉、楊中良等碩學鴻儒所尊崇，而寧宗亦聞其擅長書法，乃降勅使之書寫《如意輪咒》云。俊芿在中國期間交往之北磵居簡禪師，及葛無懷、樓鑰等名衲與鴻儒，也都對他稱美有加。

俊芿在華前後十二年，平日除修行佛法外，亦致力鑽研儒、道兩家之學，旁及天文、地理、醫學，因此《泉涌寺不可棄法師傳》記曰：

孔父、老莊之教，相如、揚雄之文，天文、地理之精，診脈、漏刻之方，鎔汰混淆，洞達深致。

由此言當可推知其學問之淵博與精深。故其在泉涌寺時爲佛門弟子與世俗人士所尊崇。

當俊芿住持泉涌寺之際，有學富五車之令譽的左大臣德大寺公繼與之會晤，面聆其談論宋儒新說而頗爲傾倒，遂執弟子禮以受教。《泉涌寺不可棄法師傳》記此事曰：

左府會面時欣狎曰：「吾蘊疑，每艱未值開士，惄如調饑。今幸遇師，庶勿攸隱」。法師哂然諾。自是厥後，箄精之義，宋朝之談，日新月改，亹亹不怠。《五經》、《三史》奥粹，本朝未談之義，法師甫陳，左府聞之，無不歎異。漸入佛教，大、小兩乘，戒律禪門，貴望叩問。隨叩而應，罔有遲滯。每年正、五、九月，寓居法師禪庵，自列講肆，聽學教律。

足利衍述認爲：上舉文中所言「《五經》、《三史》奥粹，本朝未談之義」，就是宋儒新註之學——朱子學，俊芿開始講授此學而令德大寺大爲讚歎。並且認爲俊芿之提倡宋儒新說，實爲當時日本學術界的晴天霹靂，一大警鐘。所以讚歎者應非僅德大寺而已，當可由此推知，此一事實也驚動了日本學

術界。而俊芿自中國帶回的儒書二百五十六卷中，屬於程、朱及其學派之學者的著作亦必不在少數。（註一六）

足利衍述又認爲：因俊芿留學中國期間，曾與釋北磵居簡，及樓昉、樓鑰等對朱子學有造詣的佛門弟子與碩儒有交往，而與北磵之接觸尤多，因此，俊芿必從北磵學得朱子學而殆無疑問。至於樓昉、樓鑰兩位碩儒，其學術淵源，亦即其學統是：

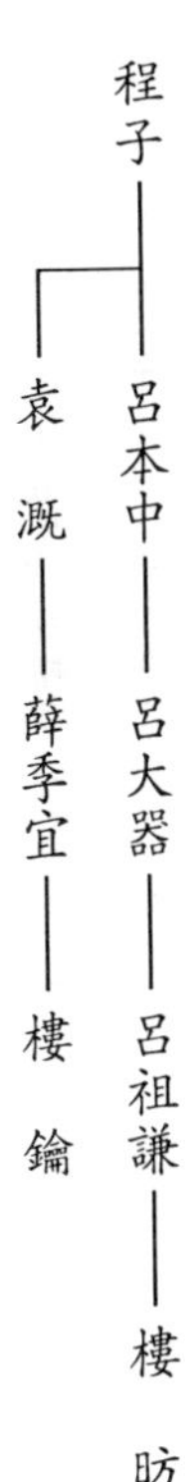

上表所見樓鑰，他不僅師承程子，私淑朱子亦深，由此當可推知，俊芿從二樓所獲朱子學當非淺鮮。（註一七）職此之故，俊芿在日本朱子學的傳播上所扮演的角色既重要，其功亦至偉。

由上述可知，明庵榮西雖將臨濟禪東傳日本，並成爲彼邦此一佛教宗派之開祖，而他雖亦曾接觸朱子學之緒餘，但在倡導、弘揚此一學術領域方面，卻無甚表現。因此，首先將朱子學東傳日本的，係該國僧侶不可棄俊芿，係俊芿於留華學佛之際學得此一嶄新學術，並於其學成歸國時，齎回宋儒新註之相關著作而將其傳至彼邦。

第三節　撒播日本朱子學種籽的人物

自從俊芿將朱子學東傳日本以後，日僧或東渡華僧之弘揚朱子學者，當首推圓爾辨圓、蘭溪道隆，及時代稍晚的兀庵普寧、無學祖元、鏡堂覺圓、一山一寧等人。這些禪者所師事禪僧中通曉朱子學者有北磵居簡、癡絕道沖、無準師範、環溪惟一等。這些禪僧俱屬臨濟宗而其譜系如次：

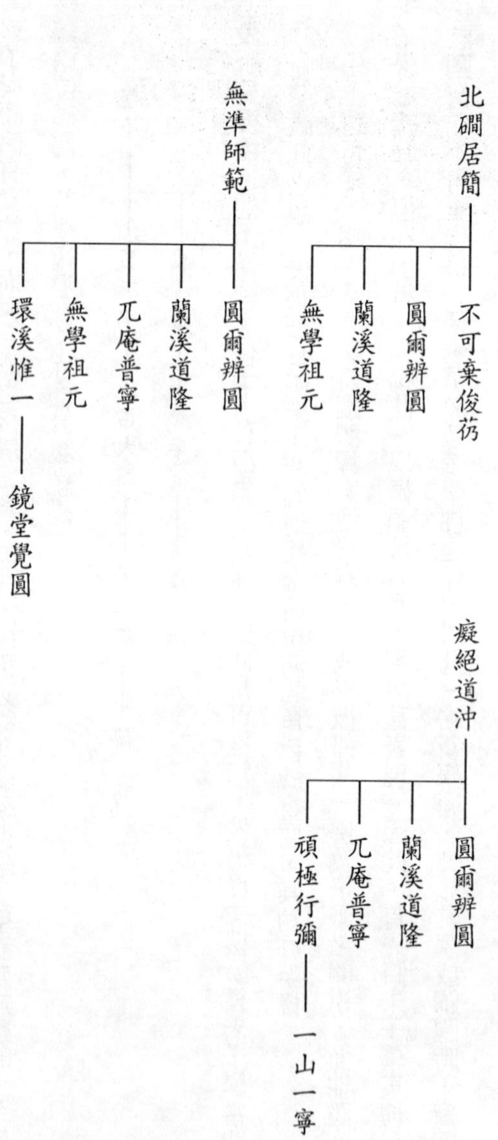

上表所列諸僧，除不可棄俊芿與圓爾辨圓兩人為日僧外，其餘俱屬華人。這些華僧雖都對朱子學有相當之研究，但以北磵居簡、癡絕道沖對此一學術領域的造詣尤深，而日本禪僧之受學於其門下者又多，故他們兩人在日本朱子學發展史上所居地位不能忽略。

首先就北磵言之。北磵，名居簡（註一八），字敬叟(一一六四～一二四六)。俗姓龍。潼川（四川省）人。臨濟宗大慧派僧侶。從邑之廣福院圓澄得度。在徑山（浙江省）參別峰、塗毒。一日，見卍庵之語有省，往育王山(浙江省)見佛照德光而嗣其法。在佛照門下居十五年，後來出世於台州（浙江省）般若寺，遷台州報恩光孝禪寺。為竹巖錢公、水心葉公所重。曾受廬山東林寺之聘，但以疾辭，在飛來峰北磵築室居一十年，道風甚盛，世稱北磵禪師。之後，奉朝旨，所在振法鼓，且歷住各地名刹，於淳祐六年四月一日示寂，世壽八十三，法臘六十二。北磵出身於世世以儒為業之家，此可由其友人無準師範在其《無準語錄》，卷三，〈小參〉所謂：「棄儒服，著佛衣」之句獲得佐證。現存《北磵和尚語錄》、《北磵文集》十卷，《北磵詩集》九卷，《北磵外集》一卷。（註一九）

北磵歸佛門後，曾與朱子學家錢竹巖、葉冰心、魏鶴山、眞西山等人交遊，且持儒、釋、道三教一致之見解曰：

> 志夫學，隱然得之於中。東海有聖人出焉，此言合也；西海有聖人出焉，此言合也，此令合也。故萃天下之書，使天下善學者博觀約取，離其所離，合乎其所合也。（註二〇）

而表示其闊大的見解。並且又曰：

> 四顧寥寥不自欺，白雲流水自東西。同途同轍人無數，盡逐銜花百鳥鳴。（註二一）

次言癡絕道沖。如前文所說，他在少時曾習進士之業，故可推知他對儒學有相當造詣。不僅如此，對朱子學亦有相當心得，此可由前引《癡絕道沖禪師語錄》看出其端倪。

再次言無準師範。由於無準自幼學儒，而出家以後亦未廢儒，此可由其《語錄》卷六〈入內引對陞座語錄〉所言：

使人人明目心，見目性，直到安樂之地。然此心能建立一切法，無一法不從心之建立，所謂誰能出不由户，何莫由斯道也。是道也，不可須臾離，可離，非道也。至於左右逢原，豈有他哉？然三教聖人，同一舌頭，各開門户，鞠其旨歸，則了無二致。

無準既言：「三教聖人，同一舌頭，各開門戶，鞠其旨歸，則了無二致」，則他之倡儒、釋、道三教一致，殆無疑慮。

然倡三教一致，或倡儒、釋兩教一致者，並非只有北磵、癡絕、無準諸人，此乃宋代禪林一般的風潮，因為我們可從汾陽善昭、石田法薰、虛堂智愚、中峰明本等僧侶之《語錄》裏，明顯看出這種思想的反映。

自魏晉六朝以來逐漸開展的儒、釋、道三教相互融合的思想，在晚唐至宋之間，終為禪僧們之三教一致論所統一。在有宋一代，中國禪林實瀰漫著三教一致思想。由於當時的日本是原原本本的移植了宋朝禪，尤其為日本臨濟宗奠基的中國僧侶，如：蘭溪道隆、無學祖元、兀庵普寧、鏡堂覺圓、一山一寧，及至中國學禪的日本僧侶，如：圓爾辨圓、心地覺心、南洲宏海、南浦紹明、無外爾然等，他們大都在宗門上或在學問上親近無準師範、北磵居簡、癡絕道沖等而受到極大影響。因此，中國禪林的這種兩教一致，或三教一致思想之從禪宗東傳日本之際，也同時傳到彼邦去，這種說法，與事實當八九不離十。而此事亦可由前舉《普門院經論章疏語錄儒書等目錄》錄列著北𡌴居簡、癡絕道沖、無準師範、石田法薰等人之《語錄》，及《鐔津文集》、《北𡌴文集》各二部，《北𡌴外集》等，即是明證。尤其《鐔津文集》、《北𡌴文集》、《北𡌴外集》等，曾爲其五山所刊行而普及於其禪林，因此，宋朝禪林的三教一致論實透過中、日兩國僧侶，與上述這類文獻爲媒介東傳日本，成爲新思潮而在日本流行起來。（註二二）

第四節　在日本弘揚朱子學的人物

自從不可棄俊芿留華東歸後，中華禪僧之東渡日本，及日本禪僧之至中國學禪者甚夥，如據木宮泰彥《日華文化交流史》（註二三）、足利衍述《鎌倉室町時代之儒教》等書的記載，在一二三五年至一二九九年之間赴日者近二十名，返日者八十餘名。其中，對儒學有造詣，且在日域弘揚朱子學有功者有如下十二人：

法號	前往宋、元年分	東渡、返日年
圓爾辨圓	端平二年（嘉禎元年，一二三五）	淳祐元年（仁治二年，一二四一）
天祐思順		
淨雲寬昌		

蘭溪道隆　淳祐六年（寬元四年，一二四六）
兀庵普寧　景定元年（文應元年，一二六〇）
無象靜照　淳祐十二年（建長四年，一二五二）　咸淳元年（文永二年，一二六五）
南浦紹明　開慶元年（正元元年，一二五九）　咸淳三年（文永四年，一二六七）
大休正念　咸淳五年（文永六年，一二六九）
白雲慧曉　咸淳二年（文永三年，一二六六）　祥興二年（弘安二年，一二七九）
無學祖元　祥興二年（弘安二年，一二七九）
鏡堂覺圓　祥興二年（弘安二年，一二七九）
一山一寧　大德三年（正安元年，一二九九）

上舉十二位中、日禪僧中，蘭溪道隆、兀庵普寧、大休正念、無學祖元、鏡堂覺圓、一山一寧等爲華僧，其餘皆屬日僧。玆將他們的生平及其有關朱子學方面的言論或事蹟論述如下：

1. **圓爾辨圓**：

圓爾，名辨圓（一二〇二～一二八〇），駿河（靜岡縣）人。俗姓平。從久能山之堯辨法印學天台。年十八，入近江（滋賀縣）園城寺薙髮。翌年往京都學孔老之教。二十二歲時從上野（群馬縣）長樂寺之榮朝禪師遊而聽禪教，遂奉之。端平二年四月至中國，師事佛鑑禪師，承其印記；又受北僩居簡、癡絕道沖二禪師之教，於淳祐元年七月東歸日本。返國時曾經齎回大批漢籍而朱子學關係之圖書亦不在少數。歷住筑前（福岡縣）之崇福、承天二寺後爲京都東福寺開山，在京畿地方弘揚佛法，禪教因而日益興盛。祥興三年十月十六日圓寂，年七十九。日皇花園追贈聖一國師之號。

當檢視其《語錄》時，並無言及儒學者，故其對日本朱子學發展所作之貢獻，在於攜回相關圖書方面，其所以如此，這就如前文所述，可能由於當時日本國內之佛教環境使然。

2.天祐思順：

《延寶傳燈錄》，卷二〇、《本朝高僧傳》，卷一九，均未記其姓氏與鄉貫，惟言其入宋後，曾師事北𥦗居簡禪師長達十三年之久，則他所受朱子學之影響必深。返國後，在京都東方艸河創建勝林寺，且爲其住持，倡導大惠宗杲之禪，而京畿一帶人士之向法者甚衆云。

3.淨雲寬昌：

如據《本朝高僧傳》，卷一四的記載，淨雲爲日本平安時代（七九四～一一八五）末期武將平教盛之子，平清盛之弟，明庵榮西之門人。曾從日本當時之儒宗菅原爲長習儒家經典，入宋時則登天台山，謁道教法印，又與峨嵋山之文伯先生會晤，討論儒家典籍而慧證大增。返國時，除齎顯密兩教書百餘卷外，又帶回外典七百餘卷。東歸後，曾住播磨（兵庫縣）書寫山圓宗寺。

4.兀庵普寧：

兀庵，名普寧(一一九七～一二七六)，臨濟宗楊岐派破庵派僧侶。西蜀(四川省)人。自幼出家，初從癡絕道沖，後來師事佛鑑禪師。登育王山參無準師範，契悟而嗣其法。南宋理宗景定元年（文應元年，一二六〇）赴日，其友圓爾辨圓迎之，使居京都東福寺。又掛錫聖福寺。鎌倉幕府執權（職稱，實際掌握幕府大權者）北條時賴（一二二七～一二六三）聞其道高，乃迎之於鎌倉，使之居住建長寺，並自執弟子禮。

兀庵在日前後六年，於度宗咸淳元年（文永二年，一二六五）歸宋。幕府權北條時宗雖曾婉留，不聽。返國後，歷任婺州雙林寺，溫州龍翔寺，於咸淳十年十一月示寂，世壽八十。著有《語錄》三卷。

兀庵曾謂儒、釋兩教一致曰：

> 儒教亦云：「君子務本，本立而道生。此本即是自己本命元辰，本來面目。得此本立，方可得道生；本若不立，何緣得道？（註二四）

此乃將《論語》〈學而篇〉有子所言：「君子務本」解作心性，以為這是與禪教之本來面目相同者。

5.大休正念：

大休，名正念（一二一五～一二五）。臨濟宗楊岐派松源派。佛源派祖。宋溫州（浙江省）永嘉人。初學佛法於靈隱寺東光妙光，後嗣石溪松月之法。南宋度宗咸淳五年（文永六年，一二六八），受日本鎌倉幕府執權北條時宗（一二五一～一二八四）之聘，董禪興寺，且獲其皈依。在鎌倉開淨智寺。後來歷任壽福、建長、圓覺諸寺。遺有《大休和尚語錄》。（註二五）

大休對儒學的造詣亦深，曾言儒、釋、道三教一致曰：

捨轉輪位，登妙覺場，眾德大備，十號具足。遊涅槃妙苑，住解脫眞空。出廣長舌，相演千品貫花。熙連河示寂，性火自荼毗。獲設利羅，八斛四斗。建窣堵坡，八萬四千。天上大下獨稱尊，大千小千被慈澤，此佛氏之德也。辭魯司寇，歷聘諸國。性服忠信，躬行仁義。刪定《詩》、《書》，繫辭《周易》。修飾《禮》、《樂》，教育人倫。宗先王之道，扶世主之化。雖絕糧於陳，削迹於衛，端居杏壇，絃歌自娛。及乎夢奠兩楹，脩然而逝。古今帝王宗仰，謚號至聖文宣，此孔子之教也。免藏室史，高蹈大方。恥三皇五帝之極治，棄《六經》諸史之陳迹。抱一體乎自然，順物任其自化。窈窈冥冥，其中有靈；恍恍忽忽，其中有精。清淨無爲，恬淡寂寞。尸居而龍見，淵默而雷聲。著《道德》五千餘言，正性命經常之理。終跨青牛而西邁，渺遊至神於混茫，此老君之道也。然儒、釋、道三教之興，譬若鼎鼐品分三足，妙應三才，闡弘萬化，雖門庭施設之有殊，而至理所歸之一致。（註二六）

此乃言儒、釋、道三教之迹雖殊，其理則一致者，亦即言此三教之同本異迹。他又舉孔子所言文行忠信，釋迦之常樂我淨，及老子之清淨無爲，俱爲正性命之道，三教均須明心，而指出其一致之所在。曰：

文行忠信，常樂我淨，清淨無爲，各正性命。三足鼎分兮，乾坤泰定。（註二七）

並且又舉釋迦之談實相，孔子之興禮樂，與老子之抱至一，而各覺後覺曰：

談實相，興禮樂，抱至一，等先覺，覺乎後覺。覺此道於渾沌之前，返澆漓而復於大朴。（註

此係言此三教施教之迹之相異處，而其以儒教爲明心之要者，應是據朱子學所之言。（註一二八）

6. 無學祖元：

祖元，字子元（一二二六～一二八六），號無學。宋明州（浙江省）慶元府鄞縣人。州之望族許伯濟之子。幼而聰敏，七歲入小學。誦習強記，嶄然露頭角。年十三，遭父憂，祝髮於淨慈寺，爲北磵居簡之弟子。後從佛鑑禪師而嗣其法，住萍鄉白雲寺。賈似道欽服其道風，請主天台眞如寺。南宋恭宗德祐元年（建治元年，一二七五），元兵南下而其勢猖獗，乃避之於溫州能仁寺。元兵來迫，捕而欲斬之。祖元不動神色，述偈曰：

乾坤無地卓孤筇，喜得人空法亦空。珍重大元三尺劍，電光影裏斬春風。（註一二九）

元兵聞後，頗爲感動，懺謝而去。帝昺祥興二年（弘安二年，一二七九），南宋亡。住四明（浙江省）天童寺。同年，鎌倉幕府執權北條時宗遣使至中國，欲聘名宿至日本。明州主官以祖元應之。祖元於是隨其使赴日，八月抵鎌倉。時宗見之大喜而自執弟子禮，建圓覺寺使居之，尊崇之而無以復加。元至元二十三年（弘安九年，一二八六）九月三日示寂，年六十一。諡佛光禪師。著有《語錄》十卷。（註一三〇）

無學曾云：

不隨聲色名利，死生恐怖，便隨六道輪回，處處作用，處處出沒，處處遊戲。入火不燒，入水

不溺。在方同方，在圓同圓，與太虛同一相貌，謂之圓覺道場。（註三二）

又云：

道學先正心，心正可學道。（註三三）

此乃根據張橫渠之太虛說，將心比作太虛，以言心即太虛者；並且又引《大學》之語，以說正心之要，可見他懷有儒、釋兩教一致之思想。更由於他在入佛門以後不久，曾師事北磵居簡，而北磵又是對朱子學很有造詣的禪師，故可推知祖元在朱子學方面亦必有相當理解。

7. 鏡堂覺圓：

鏡堂，名覺圓（一二三五～一三〇六）。宋西蜀（四川省）人。道教學者兼詩人白玉蟾之後裔。年少時即通經籍而有雅思。曾遊吳地參諸名宿。登太白山師事環溪禪師而受其心印。帝昺祥興二年，與無學祖元偕往日本，受北條時宗之崇信，歷住鎌倉建長、圓覺諸寺，及京都建仁寺，而皈依者甚夥云。元成宗大德十年（德治元年，一三〇六）九月二十六日圓寂，年六十二。勅謚大圓禪師。著有《鏡堂錄》三卷。（註三三）

鏡堂亦持儒、釋不二之見解，他曾說：

佛法世法，無異無別，進退卷舒，何少何欠。（註三四）

佛法世法，無黨無偏，孔子何曾識字，達摩誰云會禪。（註三五）

虛靈不昧之心性為中，故云無黨無偏，此係從《中庸》之中與禪之中道的一致觀來述，亦即言儒、釋

兩教俱以明心性爲主者。（註三六）

鏡堂不僅認爲儒、釋兩教在心性方面一致，也還認爲踐履修道方面亦復如此，此可由其所說：

從來大道無偏黨，只貴平常踐履功。不越準繩滋化育，明珠一曲一絲通。（註三七）

獲得佐證。

鏡堂除懷有儒、釋兩教一致之思想外，也往往引《四書》之句來說明佛意例如引《孟子》之句以言自反修得之要曰：

古不云乎，君子欲其自得之。自得之，則居之安；居之安，則資之深；資之深，則取之左右逢其原矣。（註三八）

他既有儒、釋兩教一致思想，又常引儒家經典以說明佛意，則他在日域弘揚朱子學所作貢獻，當非淺鮮。

8. 一山一寧：

一山，名一寧（一二四七～一三一七）。宋台州（浙江省）臨海縣人。俗姓胡。臨濟宗楊岐派僧侶。年幼時即入村塾就讀，塾師因其聰明穎悟而稱讚不已云。後入桑門，參諸名宿，遂以頑極行彌爲師而契悟，而嗣其法。蒙元統一天下後，開法於昌國（浙江省）之祖印寺，然後遷居舟山群島之普陀山。元世祖兩次東征日本（註三九）後，於成宗大德三年（正安元年，一二九九），奉命持詔東渡招諭彼邦。鎌倉幕府執權北條貞時將其囚禁於伊豆（神奈川縣）修禪寺。後來聞其德識，乃將他迎住鎌倉建長寺。歷住鎌倉圓覺寺、淨智寺。元仁宗皇慶二年（正和二年，一三一三），日皇後宇多詔之入京，使董京都南禪寺而竟不歸。仁宗元祐四年（文保元年）十月二十五日圓寂，世壽七十一。獲賜「國師」號。

一山學問賅博，四部之書無所不窺，故其日本弟子虎關師鍊在其所撰《一山國師行狀》裏謂：

> 教乘諸部，儒道百家，稗官小說，鄉談俚語，出入泛濫，輒累數幅，是以學者推博古。

一山之學問淵博而對朱子學之造詣尤深，又工於書法，晚年之草體堪稱一絕云。著有《語錄》二卷。（註四〇）

一山曾告誡北條貞時謂：

> 道同佛祖，以深慈拯濟黎元；德合乾坤，以至仁鎮隆社稷。（註四一）

亦即他希望貞時爲政時要以仁慈爲懷，處處爲人民著想。由其將深慈與至仁相對的情形觀之，則係把佛之慈與儒之仁視爲相同，亦即他是從這點認爲儒、釋兩教是一致的。

我們雖難於從其《語錄》看出其有關儒學的意見，但他曾〈贊〉孔子謂：

> 學爲萬世所師，道由一貫而傳。也知三千高弟，尚泥六籍陳言。（註四二）

可見他是以孔子之教的要旨在於明心性，而歎惜其三千弟子只拘泥於《六經》之陳言，忽略其要旨的。（註四三）

一山在日本朱子學發展史上的最大貢獻，應可說培養了許多高足，如：虎關師鍊、中巖圓月、夢窗疎石、義堂周信、絕海中津、瀧秋周澤、雪村友梅、龍山德見等儒僧，而他們與其門下弟子們多成爲下一個時代——室町時代（一三三六～一五七三）朱子學發展的中堅分子，給日本儒學研究造成有別於昔日王官貴族以漢唐古註爲重點的另一個高峰，故其在朱子學東傳史上所居地位永垂不朽。

【註釋】

註一　足利衍述，《鎌倉室町時代之儒教》（東京，有明書房，昭和四十五年五月），頁三～四。

註二　同前註所舉書，頁四。

註三　同前註。

註四　註一所舉書，頁五。

註五　勸學田，亦即學田。日本平安時代(七九四～一一八五)政府爲獎勵研究學問而設，使之隸屬於大學寮、勸學院等並將其收入作爲學生們的糧食與日常費用。

註六　鄭樑生，《日本通史》（臺北，明文書局，民國八十二年十二月），頁一四四～一五五。

註七　鄭樑生，前舉書，頁一四五。

註八　《六國史》，指《日本書紀》、《續日本紀》、《日本後紀》、《續日本後紀》、《日本三代實錄》、《日本文德天皇實錄》等六部勅撰史書。

註九　足利衍述，前舉書，頁一三～四。

註一〇　同前註所舉書，頁一四。

註一一　同前註。

註一二　虎關師鍊，《元亨釋書》〈榮西傳〉。《延寶傳燈錄》。《本朝高僧傳》。

註一三　竇從周曾賦五絕一首贈明庵榮西曰：「論詩坐終日，問法天花落。相得臭味同，藹藹芝蘭馨」。可見他們兩人的友誼相當厚。

註一四　足利衍述，《鎌倉室町時代之儒教》，頁二五。

註一五　日本在本年四月廿七日改元，故四月廿六日以前屬「建久十年」，四月廿七日以後屬「正治元年」。

註一六　同註一四所舉書，頁三一。

註一七　同前註。

註一八　足利衍述在其《鎌倉室町時代之儒教》，頁三八，北磵居簡條之雙行註謂：「『居簡』兩字取自《論語》〈雍也篇〉『居敬而行簡』」。並且認為：『居敬』兩字乃朱子學非常重要的詞語。北磵取之以為名，由此可推知其傾倒於朱子學」。

註一九　《北磵居簡語錄》。《續傳燈錄》。《增續傳燈錄》。

註二〇　北磵居簡，《北磵文集》，卷三，〈泉州金粟洞天三教藏記〉。

註二一　北磵居簡，《語錄》〈獨庵詩〉。

註二二　參看芳賀幸四郎，《中世禪林學問および文學に關する研究》（京都，思文閣，昭和五十六年十月），頁四二。

註二三　木宮泰彥，《日華文化交流史》（東京，富山房，昭和四十年五月，再版）。

註二四　兀庵普寧，《語錄》，卷上。

註二五　《元亨釋書》，卷八。《延寶傳鐙錄》，卷三。《本朝高僧傳》，卷二一。

註二六　大休正念，《語錄》〈壽福寺錄〉。

註二七　大休正念，《語錄》〈三教圖贊〉，其一。

註二八　大休正念，《語錄》〈三教圖贊〉，其二。

註二九　《無學禪師行狀》。

註三〇　《元亨釋書》，卷八。《無學禪師行狀》。《佛光禪師年譜》。揭傒斯，〈佛光禪師塔銘〉。

註三一　無學祖元，《語錄》，卷七，〈答太守問道法語〉。

註三二　同前註。

註三三　《延寶傳燈錄》，卷三。《本朝高僧傳》，卷二二。《大圓禪師傳》。

註三四　鏡堂覺圓，《鏡堂錄》，卷一，〈禪與錄〉。

註三五　鏡堂覺圓，《鏡堂錄》，卷一，〈圓覺錄〉。

註三六　足利衍述，前舉書，頁六六～六七。

註三七　鏡堂覺圓，《鏡堂錄》，卷二，〈養直〉。

註三八　同註三四。

註三九　有關元軍東征日本事，請參看《元史》〈世祖本紀〉、〈日本傳〉、〈高麗傳〉。《新元史》〈世祖本紀〉、〈日本傳〉、〈高麗傳〉。《元高麗紀事》。《元文類》。王婆楞，《歷代征倭文獻考》（臺北，正中書局，民國五十五年十二月，臺一版）。余又蓀，《宋元中日關係史》（臺北，臺灣商務印書館，民國五十年二月）。鄭樑生，《明史日本傳正補》（臺北，文史哲出版社，民國七十年十二月）。王民信，〈蒙古入侵高麗與蒙麗聯軍征日〉，收錄於《中韓關係史研究論集》（臺北，中華民國韓國研究學會，民國七十二年十二月，中華民國韓國研究學會著作叢書之二）。《高麗史》、《高麗史節要》、《八幡愚童訓》。崎季長，《蒙古襲來繪詞》，池內宏，《元寇の新研究》（東京，東洋文庫，昭和六年八月），竹內榮喜，《元寇の研究附蒙古襲來繪詞》（東京，雄山閣，昭和六年九月），太宰府天滿宮，《太宰府小史》（大宰府，天滿宮，昭和二十七年四月），龍肅，《蒙古襲來》（東京，至文堂，昭和三十四年九月），陸上自衛隊福岡修親會，《元寇——本土防衛戰史》（福岡，陸上自衛隊福岡修親會，昭和三十九年三月），黑田俊雄，《蒙古の襲來》（東京中央公論社，昭和四十四年六月，日本の歷史，八），川添昭二，《蒙古襲來研究史論》（東京，雄山閣，昭和五十二年二月），相田二郎，《蒙古襲來の研究，增補版》（東京，吉川弘文館，昭和五十七年九月，第三版），及其他許多單篇論著。

註四〇　《元史》〈成宗本紀〉。《元亨書》，卷八。《本朝高僧傳》，卷二三。《扶桑五山記》，二～四。

註四一　一山一寧，《語錄》，卷上。

註四二　一山一寧，《語錄》，卷下。

註四三　足利衍述，《鎌倉室町時代之儒教》，頁六八。

第五章　日本禪僧對朱子學的理解

第一節　對朱子學的認識

由於宋學與禪之教理靈犀相通，其作為實修的居敬窮理又與禪之打坐見性有一脈相通之處，故禪僧們易於理解它，對它有親近感。（註一）當我們披閱禪僧們之語錄或詩文集時，即可知他們對儒學都有相當造詣。就前舉於南宋理宗淳祐六年（寬元四年，一二四六）應北條時賴之聘前往日本的大覺禪師蘭溪道隆而言，他曾說：

蓋載發育，無不出于天地，所以聖人以天地為本，故曰：「聖希天」。行三綱五常，輔國弘化，賢者以聖德為心，故曰：「賢希聖」。正心誠意，去佞絕姦，英士蹈賢人之蹤，故曰：「士希賢」。乾坤之內，宇宙之間，興教化，濟黎民，實在於人耳。（註二）

蘭溪所言「蓋載發育」，乃引自《中庸》所載「天之所覆，地之所載」，「聖希天，賢希聖，士希賢」則係周濂溪《通書》〈志學〉第十的卷首語，「正心誠意」則為《大學》八條目中的兩條。他又說：

理天下大事，非剛大之氣不足以當之；要明佛祖一大事因緣，須是剛大之氣始可承當。今尊官

興教化，安社稷，息干戈，清海宇，莫不以此剛大之氣定千載之昇平。世間之法，既能明徹，則出世間之法，無二無異。（註三）

文中所言「尊官」，就是鎌倉幕府執權北條時頼，此乃蘭溪給與時頼的法語。蘭溪所謂「剛大之氣」，就是「至大至剛」之氣，亦即孟子所言「浩然之氣」。這是他引《孟子》〈公孫丑篇〉所錄：「何謂浩然之氣？曰：難言也。其為氣也，至大至剛，以直養而無害，則塞于天地之間」之句。他認為只要養浩然之氣，便能臻於見性之域。亦即蘭溪認為無論以儒教的入世法或佛教的出世法來修養自己，其結果並無二致。

蘭溪道隆既是華僧，故他對朱子學有此造詣，且能隨時隨地引宋儒之說以教導世俗人士，本不足為奇，然日本僧侶對此一方面的認識又如何？茲以中巖圓月、義堂周信、仲芳圓伊、雲章一慶、翺之慧鳳、季弘大叔等為例，以觀他們對此一學術領域的認識。

1. 中巖圓月：

中巖，名圓月（一三〇〇～一三七五），號中正子。俗姓平。相模（神奈川縣）鎌倉人。學問淵博，精通程朱之學，為日本中世禪林巨擘。與絕海中津同被譽為五山禪林雙璧的義堂周信稱美之曰：

中巖學窮理性，文法《春秋》。奴僕乎黼教之仲靈，輿臺乎僧史之通慧。（註四）

《本朝高僧傳》的作者師蠻則曰：

中巖錯綜三藏，收其秘詮。驅逐五車，嗜厥肥潤。揮言（筆？）萬言立就，胸中橐籥，動而愈

出。本朝緇林，有文章以還，無抗衡者。（註五）

學富五車的中巖對中國歷代儒林的看法是：

> 或問諸子。中正子曰：「子思誠明，孟子仁義，皆醇乎道者哉」。問：「荀卿如何」？曰：「荀也，醇而或小漓」。問揚子。曰：「揚雄殆庶乎，其文也緊」。請問文中子。曰：「正氏後夫子千載而生，然甚俏焉，其徒過之。亶夫子之化，愈遠愈大，後之生孰能跂焉」？問退之。曰：「韓愈果敢，小詭乎道，然文起於八代之衰，可尚」。（註六）

他說子思、孟子之道醇，以爲是儒學之正統，此一說法當係根據程、朱之說而來。他視朱子爲繼儒學之正統者曰：

> 朱之爲儒，補罅苴漏，鉤玄闡微，可以繼周紹孔者也。（註七）

而認爲朱晦菴是周公、孔子以後的第一人而推崇備至。

2. 義堂周信：

義堂，名周信（一三二五～一三八八），號空華道人。俗姓平。土佐（高知縣）長岡人。他平日除弘揚禪教，教導子弟外，對侯伯施以儒的教化而不遺餘力。他認爲：「人君修德，則遠人歸……但玩物喪志，則君子不取。」（註八）並且認爲：

> 一人修善，則一家化之，一家修善，則一國化之，一國修善，則天下化之。天下人皆修善焉，則欲其國之不治，政之不行，其可得哉。故曰：「爲善不同，同歸於治」。（註九）

又認爲：

《大學》乃《四書》之一，唐學《四書》者，先讀《大學》。意者，治國家者，先明德、正心、誠意、修身，是最緊要也，敢請殿下《四書》之學不怠，則天下不待令而治矣。（註一〇）

此乃室町幕府（一三三六～一五七三）第三任將軍足利義滿，請儒官菅原季長爲其講授《孟子》完畢，即將進行講解《大學》而徵詢義堂意見時的答語。義堂既然認爲中國人讀《四書》時先讀《大學》，那麼他對朱熹《四書集註》的看法如何？他說：

近世儒書有新舊二義，程、朱等，新義也。宋朝以來儒學者，皆參吾禪宗，一分發明心地，故註書與章句學迥然別矣。《四書》盡朱晦菴，菴，及第以大慧書一卷，爲理性學本。云云。（註一一）

亦即義堂對宋儒新註《四書》的評價遠高於漢唐古註。又，當他被問及「儒書新舊二學有何不同」時，他的回答是：

漢以來及唐儒者，皆拘章句者也。宋儒乃理性達，故釋義太高。其故何？則皆以參吾禪也。（註一二）

由上舉兩則文字，我們非僅瞭解義堂對新儒學的看法，也知他認爲因宋儒參禪，其釋義方纔如此高。前文已說，其所謂「《四書》盡朱晦菴」，值得我們注意。

3. 仲芳圓伊：

仲芳（芳，一作方），名圓伊（一三五四～一四一三）。長門（山口縣）人。如據史乘的記載，其學來自《中庸》，而自日本五山開創以來二百數十年裏，衆儒僧中精於《中庸》者，蓋以仲芳爲第一云。他說：

夫中也者，蓋萬化之本源，而一心之妙用也。方其未發，純粹清明之理，渾然而存焉，無有偏倚乖錯之失，乃中之體也。逮其既發，事物浩穰之變，泛然而應，無有亢過不及之患，乃中之用也。大焉而天地陰陽之運，得之則正，失之則差；細焉而草木昆蟲之生，得之則遂，失之則夭，所謂天下之大本者邪，吾教曰中道也，曰中觀也，曰中諦也。經綸萬法，錯綜一心，其旨甚玄，其論甚高。推而極之，亦皆不離日用常行之際焉耳，吁旨哉。中之爲義也，省思慮，謹視聽，安是而行者，其果優入聖賢者之域耶？（註一三）

仲芳雖根據朱子之說以言「中」，並將此「中」比擬釋家之中道、中觀、中諦，而認爲儒、釋兩教是一致的，但其所言條理清晰，故可從而推知其對《中庸》的造詣之深。而從其《懶室漫稿》，卷五，〈晦叔字序〉，亦可窺見其對此一儒家經典的精深研究，與對朱子學有相當之理解。因此，他稱美朱子曰：

紫陽朱元晦，爲天下儒宗。以綱常爲己責，心究造化之原，身體天地之運，雖韓、歐之徒，恐當斂衽而縮退矣。觝排異端，甚斥釋氏，及見圜吾〈梅花詩〉，唱酬不已。稍稍遊其門，雖未能至我奧，而潛知有聖賢之道妙，以足討論焉乎。（註一四）

文中所提圜吾，就是釋圜吾克勤。仲芳言朱子「心究造化之原，身體天地之運，雖韓、歐之徒，恐當斂衽而退」，而將其地位置於韓昌黎、歐陽永叔之上，可見他對朱子的評價之高。

4.雲章一慶：

雲章，名一慶（一三八六～一四六三），號流芳，又號玉渚。京都人。左大臣一條基經之子，關白一條兼良之庶兄。初時從仲芳圓伊學，後來師事岐陽方秀。昕夕辛勤學內外典，以精賅著稱。如據〈雲章禪師行實之狀〉所記，則他「每喜誦程、朱之說，仍製『理氣性情圖』，又有『一性五性例儒圖』」。他曾爲衆僧講解《百丈清規》，當時爲其聽衆之一的桃源瑞仙筆錄其講義而成的《雲桃抄》有如下記載云：

曾子傳之孔子之孫子思，子思傳之孟子。孟子歿而言性事者乃絕而不傳，漢儒終不知性。宋儒始與……宋朝濂溪先生周茂叔言太極，始傳之二程，自二程至朱晦菴，儒道一新。（註一五）

又云：

儒者自堯舜揖讓，始成爲人之法度。……其後孔子出而傳道。孔子之遭逢不遇，爲儒道之幸。若逢際遇，則一時用盡。只因遭逢不遇，《六經》始得流傳千萬年之後。孔子弟子三千，其中選七十士，又選十士。十哲中，曾子不入。曾子所以不入者，乃因其時曾子湊巧不在，故不入。曾子係孔門正傳，如佛家之有迦葉。曾子之弟子爲子思，子思之弟子爲孟子，至孟子而言仁義之性之統緒斷絕。漢儒雖有才，卻不能知道。至宋儒，不知易字而以爲是書名。直至言《易》

有太極，天地溟濛未分爲太極，始瞭解太極之意；迨周茂叔出，註太極爲無極而太極，始瞭解太極之意。本註在夢中亦不知其意。（註一六）

在此所謂「本註」，當係指孔穎達之註解而言。（註一七）由這段文字可知，雲章是以宋學爲儒家正統，以儒學爲心性之學。亦即他稱讚宋儒復興孔孟之道的正統，使儒學一新，而其尊崇宋學的情懷，則散見於《雲桃抄》的字裏行間。

5. 翺之慧鳳：

翺之，名慧鳳（一三六二～一四六五？）。美濃（岐阜縣）人。曾於明宣德年間（一四二六～一四三五）至中國，遊於蘇、杭之間。與雲章一慶同爲岐陽方秀門下之俊秀。他曾讚歎周濂溪之《太極圖說》曰：

太極豈指萬物之初而言乎？太極者，無極也，是周舂陵發明易道，以歎之之言也。天地未判，陰陽未兆，謂之太極乎？父母未生，混沌溟濛，謂之太極乎？是實難言。周家之老，纔以無極兩字註之。德山棓之，臨濟喝之，禾山之鼓，石鞏之弓，只註個太極兩字。（註一八）

亦即他認爲德山之棒，臨濟之喝，禾山之打鼓，石鞏之弓之註解就是「太極」兩字。但他卻反過來說「只註個太極兩字」，由此可見其儒學中心主義與對宋學的尊崇情形。（註一九）

翺之對儒學的態度既如此，那麼對朱晦菴的看法又如何？他說：

建安朱夫子，出趙宋南遷之後，有泰山巖巖之氣象。截戰國、秦、漢以來，上下數千歲間諸儒舌頭，躬出新意。聖賢心胸，如批霧而見太清。數百年後，儒門偉人名流，是其所是，非其所非，置之於鄒魯聖賢之地位。仰之如泰山、北斗，異矣哉！三光五岳之氣，鍾乎是人，不然，奚以致有此乎。（註二〇）

把朱熹比作泰山、北斗星而稱讚不已，可見他對朱子學的評價是多麼的高，對朱熹本人是多麼的尊崇。

6. 季弘大叔：

季弘，名大叔（一四二一～一四八七），號蕉菴，又號竹谷。備前（岡山縣）人。曾師事雲章一慶，學禪道與程、朱之學。如據《延寶傳燈錄》卷三三、《五山詩僧傳》、《蕉軒日錄》等書的記載，季弘在禪餘涉獵經子百家之書，雖病中亦每日教誨其徒而不倦。而他講授宋儒新註之《大學》、《論語》、《孟子》、《尚書》之事，亦散見於其日記《蕉軒日錄》之中。

季弘既於平日多講授宋儒新註之《四書》及其他儒家經典，則他必傾倒於朱子學，能夠證明這點的，就是如下之一段話：

居士知彼天乎？天寔不易。云天也者，道也，理也，性也，一心也。仰而觀蒼蒼者，謂之天，不近於兒童見耶？昔聖宋之盛也，周、邵、程、朱諸夫子出焉，而續《易》學不燄之光於周、孔一千餘年之後。太極無極，先天後天之說，章章于世。天非有先后之異，均具于太極一氣之中而已矣。且夫人之脩身誠意者，天與吾一而能樂其天者也。……天謂人欲幾蘄絕，則云理，云道，云性，云一心，皆囿于吾混焚一理之中，猶如太極生兩儀、四象、八卦，凡天地萬物之

道，含容于一太極也。（註二一）

並且他也還說：「濂洛諸君子，以仁義禮智爲人之性，前人未發之鐍鍵也。」而稱讚宋儒「性論」的獨創性。其在儒學上的立足點，則爲程、朱。

由於他以程、朱爲儒學之正統，故亦從程、朱之說，以曾子爲孔氏之正統，曰：

在昔洙泗之間，列於仲尼之徒者三千人，皆靡不聞其道。獨曾參氏天資篤實，纘聖人之統，不敢墜其傳，視於三綱八條之學而可覩焉。然則知夫子者，烏有如曾參氏者耶？（註二二）

只因他以程、朱爲儒學之正統，故亦從程、朱之說而以曾子爲繼承孔子之道統者。

由上述可知，當時的日本禪林，都以程、朱等人爲繼承儒學之正統者。除上舉諸人外，桂林亦曾言及儒之道統問題曰：

譬諸儒宗，則文、武傳之周公，周公傳之孔子，孔子傳之孟軻。孟軻之後不得其傳。迨趙宋間，伊洛導其流，橫渠助其瀾，龜山揚其波。到朱紫陽，集而大成。（註二三）

而亦以宋學爲儒學之正統。至於咲雲清三所謂：

以一心究造化之妙，至性情之妙。正《四書》、《五經》之誤，作《集註》，作《易本義》，流傳儒道之正路於天下者，莫若朱文公。不以朱子爲宗，非學也。（註二四）

而將朱晦菴捧上了天。亦即日本中世禪林不僅研究宋儒新說，而且把他們視爲繼承儒家正統的學者而尊敬不已。

第二節　對《五經》的理解

日本禪林既認爲「不以朱子爲宗，非學也」而尊崇朱子，親近宋學，這種現象便互爲因果，開展了禪林宋學。那麼他們對儒家經典的瞭解情形如何？本節擬就其研究《五經》的情形進形探討。

1.《易經》：

由於《史記》〈孔子世家〉謂：「孔子晚而喜《易》〈序〉、〈彖〉、〈繫〉、〈象〉、〈說卦〉、〈文言〉，讀《易》韋編三絕」。鄭玄〈六藝論〉言：「《易》者陰陽之象，天地之所變化，政教之所生」。而劉歆又將《易經》置於《五經》之首，以爲它是解說五常之源，亦即言人間道德之根源與宇宙之原理者，故其所居地位較其他《四經》爲高，此一見解與孔子尊《易》之事蹟相結合而成爲日後儒學之傳統。尤其宋學爲與佛教和老莊之壯大幽玄的世界觀拮抗，而依據《易經》與《中庸》以樹自己世界觀之體系，所以《易經》便隨著宋學之興盛而愈益被重視。復由於周敦頤與張橫渠各有與《易經》有關之著作，程伊川有《易傳》四卷，朱晦菴有《周易本義》十二卷，《易學啓蒙》四卷，所以尊崇宋學的日本禪林之會對它表示關心，並予以研究，乃自然趨勢。

其能證明五山僧侶潛心於《易經》的，就是桃源瑞仙《史記抄》所記：梅室周馥「凡無書不學矣，無學不精矣，尤長於《易》學」。桃源既言梅室「尤長於《易》學」，則他必對《易經》下過苦功的。

就五山禪林宋學之巨擘岐陽方秀言之，他曾敘述其學《易》的情形說：

> 庚辰（建文二年，應永七年，一四〇〇）春，予在凌雲山陰覽《易學啓蒙》。時有司慧日之賓曰連山乾公者，過予不二室，講究《周易》之義。志氣清秀，頗涉淵奧。一日，謂予曰：「儒者於《易》，吾既聞之詳矣，其我佛之意亦可得聞乎」？予曰：「比日動唇搖舌，無不一出於此。……其雖化有能所，雖人有悟迷，不離等妙之佛位，猶如六十四卦未嘗離乎〈坎〉、〈離〉也。佛初成覺於菩提樹下者，包犧畫卦之意也。……上人若能不即不離乎五十二位，而超然於極儀〈象卦〉之前，則非唯棗柏大士瞠若乎後，乃佛乃祖，悉亦當決疑於上人之手爾。程子所謂：『看一部《法華經》，不如看一〈艮卦〉』，近之」。（註二五）

此言京都東福寺知客（職稱）連山乾公，於聽完儒者之《易》學之講解而能探究其淵奧後，又想聽禪家之《易》學者。此一事實表示當時的日本禪林對《易》學的關心，且同意程子「看一部《法華經》，不如看一〈艮卦〉」的說法。（註二六）

這個時期的日本禪林不僅同意上舉程子的說法，也傾向於宋學的立場，例如翺之慧鳳所謂：

> 犧、昌、休、旦，果聖乎？吾不得而知也；輔嗣、康伯，果知聖乎？吾不得而知也。自孔瞿心付，雖蔓衍廣被，醇氣朽焉，率作卜占術算之細伎，迂誕日張，浮議稽天。七國以來，牽引附攀，以自作傳註者，不知其幾千萬家，指馬交吻而不知決。……及趙宋舂陵周翁，以光風霽月之資，啓無極之秘壼。於是乎乾坤二曜之理，悔吝消息之義，霧披而天覩矣。故不借塗於韓、

王之荊棘，而達孔瞿也。（註二七）

此言《易》學雖長久陷於觇卜之細伎而其眞理爲牽強附會之說所籠罩，惟當周敦頤出現後，《易》的眞義又再度發出它的亮光來。

他們不僅認爲《易》學因周敦頤而再度放出光芒，也還認爲《易》之太極與佛性相同曰：

佛之言性，其體大而無外，天地人物從此出，與《易》有太極而生兩儀、四象、八卦，其旨相合者也。太極則佛所謂性也，但有聞而論之，與見而說之之異也。（註二八）

他們雖認爲《易》之太極與佛性相同，卻認爲《易》只聞而論之，佛教則見佛性（見性）而說之，所以禪較優越。（註二九）雖然如此，他們也仍研究《易經》而以宋儒新註爲主，而說出如前文所舉：

昔聖宋之盛也，周、邵、程、朱出焉，而續《易》學不燄之光於周、孔一千餘年之後。太極無極，先天後天之說，章章于世。（註三〇）

可證。

2.《詩經》：

日本五山禪林不僅研究《易經》，並且將《詩經》視爲修養心性的教養書而研讀。如據日本文獻的記載，當時五山禪林研讀的是《毛詩》，其在中世輸入的，如據《普門院經論章疏語錄儒書等目錄》，則圓爾辨圓曾經從中國帶回《毛詩》二冊，《呂氏詩記》五冊，《毛詩句解》三冊，《毛詩》三冊。在此所謂《呂氏詩記》五冊，就是宋人呂祖謙的《讀詩記》，亦即宋學派的《詩》學，在十三世紀四十年代初期已傳至日域。

那麼，日本中世禪林對《詩經》的看法如何？當時有人曾就孔子有沒有作詩之問題請教虎關師鍊曰：

或曰：「古者言：『周公惟作〈鴟鴞〉、〈七月〉二詩，孔子不作詩，只刪詩而已。漢、魏以降，人情浮矯，多作詩矣』，爾諸？」

虎關的答覆是：

不然。周公二詩者，見于《詩》者耳，竟周公世，豈唯二篇而已乎！孔子詩雖不見，我知其為詩人矣。何者，以其刪詩也。方今世人不能作詩者焉能得刪詩乎？若又不作詩者，假有刪，其編寧足行世乎？今見三百篇為萬代詩法，是知仲尼為詩人也。只其詩不傳世者，恐秦火也耳。

不則何啻二篇而止乎」！（註三一）

亦即虎關認為周公與孔子都是傑出的詩人，孔子如果不會作詩便無法刪詩；即使刪詩，其所編之《詩》也不可能流傳後世。而周公所作詩之只存兩篇，及今見《詩經》可為萬代詩法，則他們所作詩之所以不傳，可能因遭秦火之浩劫所致。

當時禪林既然以《詩經》為萬代詩法而給予很高評價，那麼，其讀《詩》的態度又如何？義堂周信曰：

余話曰：「凡讀書，先須正心而讀之，《詩》三百，思無邪，是也」。（註三二）

《易》〈文言〉云：「修辭立其誠」。誠即是眞；《詩》三百篇，大之美刺朝廷政治，小之抒寫男女情感，皆能立其誠，故「思無邪」也。（註三三）亦即義堂是將孔子所言：「《詩》三百，一言以蔽之，曰：『思無邪』。」引爲讀書時所應持之態度，來訓勉其弟子。我們可從而推知其喜愛「思無邪」三字之端倪。

喜愛「思無邪」之三字者並不侷限於義堂周信，其他禪僧亦有引用它者，例如：東陽榮朝所說：「平生三昧思無邪。」（註三四）及龍泉冷淬所說：「要識曹源直的旨，一言以蔽思無邪。」（註三五）便是好例。亦即他們是利用「思無邪」來表達繼承禪之正念之境遇之辭語的。（註三六）

我們雖可從《普門院經論章疏語錄儒書等目錄》，及當時公卿之日記如：《實隆公記》等文獻得知，在此一時期東傳日本的宋儒新註《詩經》——朱熹《詩集傳》，呂祖謙《讀詩記》，嚴粲《詩緝》，及明代所刊行永樂勅撰《詩經大全》、劉瑾《詩集傳通釋》等，卻無法找到他們確切研讀宋儒新註《詩經》的具體例子。故有關此一方面的問題，有待日後之探討。

3.《尚書》：

日本中世禪林雖有不少人研究《易》、《詩》，但對於《尚書》的研究，似乎沒有上舉兩經那麼熱衷，此或許因其文字比較艱深晦澀使然。雖然如此，我們仍可從《普門院經論章疏語錄儒書等目錄》發現《尚書》一冊，及《尚書正文》一冊的記載，可見圓爾辨圓從中國進口內外典籍時，並未忽略此一方面的圖書。

那些研讀《尙書》的，不僅自己讀，也還利用它來勸勉其爲政者。例如：義堂周信曾引下舉《尙書》的一段文字，以勸誡室町幕府第三任將軍足利義滿說：

修德爲文，止戈爲武。武之用，在安天下，不必事干戈。故武王誅紂，戢兵修文。《尙書》〈武成〉曰：武王伐紂，乃偃武修文」，是也。（註三七）

亦即義堂認爲爲政者必須注意人民的生活能夠平安快樂，欲使人民平安快樂的過日子，就得偃武修文。如要偃武修文，就得放棄武斷主義——鎮壓、專制、獨裁政策，改用文治主義(禮文主義)政策，可見他對《書經》有相當深入的研究。

就以南宋理宗開慶元年（正元元年，一二五九）至中國師事虛堂禪師，於度宗咸淳三年（文永三年，一二六七）東返之南浦紹明言之，因他於禪餘從蘭溪道隆聞宋學之餘緒，故其《語錄》中引《論語》、《周易》、《尙書》等之詞句者不少，例如：

否極泰來，自然有時有節。何故如是？皇天無親，惟德是輔。（註三八）

又如：

崇福門下，自然太平得路，何故如是？良久，天無親，惟德是輔。（註三九）

可見他不僅熟讀《尙書》，而且還將它引用於日常的說法方面。

那麼，他們所研讀之《尙書》的版本如何？當我們批閱時代稍晚的玉隱英璵之《語錄》時，可發現如下之一段文字。曰：

周公新經營洛邑為朝會之所，以周道謂之成周。迺作〈洛誥〉曰：「王如弗敢及，天基命定命」。蔡子新註：「造基之而成，成之而後定。基命所以成始也，定命所以成終也」。（註四〇）

文中所言「蔡子」，就是蔡沈。亦即玉隱所閱讀者為南宋理學家蔡沈（註四一）的《書集傳》。

此外，橫川景三《京華集》卷三所見〈建中字說〉，瑞溪周鳳《臥雲日件錄》第六十九冊之封面，或月舟壽桂《幻雲文集》〈南嶺說〉等，雖亦可發現他們對《尚書》表示關心之端倪，惟他們所閱讀者，究竟是漢唐古註或宋儒新註書，則不可得而知之。

4.《禮記》：

或許由於中、日兩國的風土民情與習俗有異，所以自古以來為中國學者所重視的《禮記》，在日本中世禪林間閱讀者並不多，就其有學富五車之譽的虎關師鍊而言，也無法從其著作發現有關評論《禮記》的文字。即使與絕海中津同為五山文學之雙璧的義堂周信言之，他也僅說：

夫知堯、舜志者，二〈典〉之言也；知文王志者，《周易》之言也；知仲尼之志者，《詩》三百也。（註四二）

而未提及《禮記》，可見當時禪林對儒家此一重要經典所表示的關心較其他《四經》稀薄。惟義堂在此雖只提及《易》、《詩》、《書》、《春秋》四經，但並非因此就表示他未曾讀過《禮記》。事實上，當其友人來訪而問及「皇考」、與「孝」之別時，曾經引用《禮記》祭法為其詳細解釋。（註四三）又當室町幕府第三任將軍足利義滿問文王世子，帝夢與九齡之事時則說：

府君又問文王世子，帝與九齡事。余略引《禮記》：「文王曰：我百，爾九十，吾與爾三焉。蓋文王以憂勤損壽也。夢與九齡，蓋是漢儒附會也。昨日萬里小路黃門（嗣房）問余曰：『文王以年與武王，蓋好事者爲之說也』。月舟（周勛）時在座上，出陳澔新注者。某說合之，漢儒附會驗焉」。（註四四）

義堂既言月舟周勛持有宋元時期的學者陳澔（一二六一～一三四一）新註之《禮記集說》，則可證明日本中世禪林也閱讀新註《禮記》。

就惟肖得嚴（世稱雙桂和尚）而言，他曾說孝道曰：

孝，誠士之大本也，擴焉而充，引而充焉而達，皆其類矣。威以可屈，非孝；利以可誘，非孝；道學不修，非孝。然世之命孝也，以溫清定省，碌碌在目下者，蓋一端而已，不亦小乎。

（註四五）

惟肖此語雖在祖述《禮記》〈祭義篇〉所見曾子之言，卻可從其所說：「道學不修，非孝」窺知其重視朱子重道學情形之端倪。

此外，中巖圓月曾應常琮道人之要求，爲其取法號「全璧」時，作〈全璧說〉曰：「《禮》之春官大宗伯，以玉作六器，以禮天地四方，以蒼璧禮天」。（註四六）無文元選則引《禮記》〈祭義篇〉之語：「嗚呼！父母形生，大本也，順色承顏孝道切」（註四七）以言孝。雖然如此，他們研讀《禮記》的情形，與研讀其他儒書較之，實屬鮮少，故他們對此一領域的學術之理解，自然無法與其他

《四經》相比擬。

5.《春秋》——《左傳》：

日本王公貴族所研讀之《春秋》，原依據孔穎達之《五經正義》，其負責講授此一經典者爲紀傳、明經等博士之家，他們以此作爲知識階級必讀之教養書而頗爲重視。惟當新儒學東傳而興盛以後，宋儒新註的春秋學也隨著東傳。我們雖無從得知宋儒新註《春秋》於何時由何人東傳，但在《普門院經論章疏語錄儒書等目錄》裏，我們可看到五冊本《春秋》外，尚有《胡文定春秋解》（《春秋傳》。《春秋胡傳》）四冊，則至遲在圓爾辨圓自中國返回日本的十三世紀四十年代已東傳。

文定，就是胡安國（一〇七四～一一三八）的謚號。安國於南宋紹興元年（天承元年，一一三一）開始執筆，約經十年歲月方纔完成。他在書中強調華夷之辨，亂賊之討伐，尊敬君父等，故有宋代《春秋》之令譽。並且它又是宋學派視爲標準的春秋學代表作。圓爾將此書帶回日本後的禪林春秋學的發展過程雖難於查考，但虎關師錬曾說：

文之嚴也莫踰《春秋》矣，不熟《春秋》而曰文者非也。……嗚呼！聖人於文也，何其精到此乎！……學者不可苟矣。（註四八）

可見虎關不僅閱讀《春秋》，也非常尊崇《春秋》。不過，他對《左傳》的看法卻是：

《春秋左氏傳》，文辭富贍，爲學者所重，而其法律不嚴，往往作議者在焉，我於晉事見之矣。（註四九）

而以晉之記載爲例，言其所記載之內容不夠嚴密。由此觀之，虎關對《春秋》有相當深入之研究。

曾被譽爲「學窮理性，文法《春秋》」（註五〇）的中巖圓月則說：「《春秋傳》曰：『經緯天地曰文』，而作〈希文說〉（註五一）；桃源瑞仙撰著《史記抄》時，則不僅利用《春秋》三傳，也還引用《春秋緯》、《春秋合讖圖》、《春秋釋例》，及以晉人杜預註，孔穎達等疏的《春秋左傳註疏》，與胡安國的《春秋解》從事解釋。至於義堂周信，當他被足利義滿問及「《左傳》何書，其義如何？」時，答曰：「《左氏春秋》，先王大法，褒貶爲例，知我罪我者也。」（註五二）可見他們對這部儒家經典也有相當之瞭解與認識。

第三節　對《大學》、《中庸》的理解

《四書》爲儒家人生哲學之大全，教人以窮理、正心、修己、治事之道。《中庸》提出「性」——「良知」、「良能」；《大學》標出「明德」——「欲」與「情」之調節。率「性」之道，則可以達「明德」。人之氣質，或不能齊，須教之使其明「明德」。教者：格物、致知、誠意、正心、修身——屬於修己；齊家、治國、平天下——屬於治事。率性明德之至爲誠，誠爲生元，生之原動力。誠則形，則著，則明，則變，則化，而與天地參。（註五三）「明德」表現於人與人之關係爲「仁」——「忠」也，「恕」也，如其動、靜脈。人感應事物而有感情——喜、怒、哀、樂等。情未發安閒爲

中，發而適當中節爲和，致中和乃天地位而萬物育焉。《中庸》爲體，《大學》示用，而《論語》、《孟子》闡明之。（註五四）

1.《大學》：

《大學》有三綱領、八條目。三綱領就是「明明德」、「親民」、「止於至善」，這是全篇的主宰。八條目則爲「格物」、「致知」、「誠意」、「正心」、「修身」、「齊家」、「治國」、「平天下」。在此，擬就此三綱領、八條目來探討日本禪林對《大學》的理解情形。

日本中世禪林所認識、理解的《大學》是：

> 《大學》乃《四書》之一，唐（中國）人學《四書》者，先讀《大學》。意者，治國家者，先明德、正心、誠意、修身，是最緊要也。（註五五）

而認爲它是爲政者必讀之書，「《四書》之學弗怠，則天下不待令而治矣。」（註五六）亦即他們認爲《大學》是治世之書，也是教化世俗人士的好書，所以「要正家國，先宜正身；要正身，先宜正心。」（註五七）因爲：

> 心安則身安，身安則家安，家安則國安，國安則天下安。天下安則凡寓形於內者，皆安寧而居，苟或心未安則反之。（註五八）

惟正心修身須立個目標，才能有所著力。《大學》所止之處，爲「至善」；既有目標，乃能定，能靜，能安，能慮，能得。《大學》〈經一章〉云：

知止而後有定，定而後能靜，靜而後能安，安而後能慮，慮而後能得。

但所止之「善」爲何？適當之「欲」，加眞摯之「情」，爲「明德」，爲善。鳥立於丘隅，得其當爲善；君對臣仁，得其當爲善；子對父孝，得其當爲善；交友信，得其當爲善。所施之「情」愈大，其德愈善；「情」大至極，即爲「至善」。（註五九）日僧雖祖述《大學》八條目以言「安心」、「正心」爲治國平天下之根本，但他並非爲其本身講《大學》，乃是言爲此「正心」、「安心」而從事禪之修行最爲捷徑。亦即爲將人引至禪關而利用了《大學》。（註六〇）

《大學》〈傳之三章〉云：

《詩》云：「邦畿千里，惟民所止」。《詩》云：「緡蠻黃鳥，止於丘隅」。子曰：「於止，知其所止，可以人而不如鳥乎」？《詩》云：「穆穆文王，於緝熙敬止。爲人君，止於仁；爲人臣，止於敬；爲人子，止於孝；爲人父，止於慈；與國人交，止於信。

「情」、「欲」各得其當爲「明德」，修身之本在「明德」。

天以「性」賦人，「性」之內涵有「欲」與「情」。人生遇不足而生欲望，「良知」辨所需之物，「良能」動而取之；既得之，則己之欲達，是成己也。他人同有「欲」，我以同類相感而對其生「情」，是同情心；既同情之，則以己之所成施之，是施予，成物也。「欲」爲對己，「情」爲對人。（註六一）

「性」之本體，爲適當之「欲」與眞摯之「情」；適當之「欲」加眞「情」等於「天性」；此「天性」即明德，「明德」之擴大（情高於欲，以至情克欲），則達「至善」。日僧岐陽方秀曰：

> 予考于《周易》〈離卦〉，說之曰：「離，明也。明也者，明德也者，乃吾聖人之徒，所謂一心也。人人所具，素有之大本」。寂而常照，照而常寂，若止水焉；若明鏡，若帝網珠焉。然則明德，一心之用，一心，明德之體。惟人不明，作之狂；惟狂，克明之，則作之聖。聖之與狂，其在一心之明與不明者也歟？（註六二）

亦即岐陽以爲《大學》所言「明明德」之「明德」，相當於禪家所謂父母未生以前之本來面目，人人本具，個個圓成之佛性，因此，儒者之明明德與禪家之見性悟道同義。（註六三）而岐陽此言實與朱子在《大學章句》所謂：

> 明德者，人之所得乎天，而虛靈不昧，以具眾理而應萬事者也。但爲氣稟所拘，人欲所蔽，則有時而昏，然其本體之明，則有未嘗息者。故學者當因其所發而遂明之，以復其初也。

如出一轍。並且他又認爲：

> 一旦廓然躋乎眞俗不二之域，而後愍彼蠢而無知之氓，道之，齊之，使其造乎道奧，此乃馬鳴祖師以謂：義有三大而心處物者也。先儒明德、新民之要，亦不外乎此。（註六四）

亦即他說，禪之見性，及其悟後的修行，可以到達自他不二，眞俗不二，萬物與我一體之境界，所以佛家之引導人們使之獲得佛果，與「先儒明德新民之要」是一致的。岐陽之將「親民」作爲「新民」，實乃根據程子之言而發，且與晦菴所作解釋：「新者，革其舊之謂也。言既自明其明德，又常推以及

人，使之亦有以去其舊染之汙也」深相契合。（註六五）

月舟壽桂則曰：

湯之盤〈銘〉曰：「苟日新，日日新，又日新」。蓋滌爾心垢，豁爾胸天。昨日如此，明日如此。〈康誥〉曰：「作新民」。蓋鼓舞日新之道，俾萬民警發焉。《詩》曰：「周雖舊邦，其命維新」。蓋文王能新其德，始受天命。戴氏《大學》篇舉此三語，以述新民之義。大哉！在我新其德，令人新其德。（註六六）

此乃根據朱子《大學章句》之文字來敷衍，未見新意。

就八條目言之，村庵（希世）靈彥的見解是：

《事林廣記》〈警世人事類〉中，載余氏家所稱居家四本者：其一曰：讀書，起家之本。其二曰：循禮，保家之本。其三曰：勤儉，治家之本。其四曰：和順，齊家之本。予嘗論此四本，係《大學》八條目之例而可辨焉。若夫讀書起家而後，循理保家；循理而後，勤儉持家；勤儉而後，和順齊家，其先後次第，自然允合矣。凡公侯及士庶人之家，造次顛沛，目想心存，不忘斯言，則其本必立，而其末必成矣。（註六七）

此乃根據《大學》八條目之例來解說「居家四本」者，他不僅以八條目之例來解說，也還相當瞭解「物有本末，事有終始」的《大學》之本末思想。

仁如集堯則曰：

子曰：「《詩》三百，一言以蔽之，曰思無邪」。又誠意正心者，為《大學》八條目，皆以正之一字，為儒教之至要者乎。（註六八）

惟此亦根據《大學》之思想立說而無新意。

2.《中庸》：

《中庸》是小戴《禮記》中的一篇，後人因它是儒家精義之所在，乃特別提出以為單行本，宋人朱熹更將其列為四子書之一。

朱子在宇宙論裏，以程子哲學解釋《太極圖說》而立一家之言；在人性論裏，則以彼之哲學解釋《中庸》，以為貫穿於宇宙人生之原理者為誠；又當說其實踐道德時，亦以其本身之哲學來解釋《大學》，力言格物窮理。職此之故，《中庸》便與《論語》、《孟子》相拮抗而成為儒家的重要經典，於是完成了以《大學》、《中庸》、《論語》、《孟子》等四部書為根基的道學。（註六九）

由於《中庸》最富於形而上學的要素且談人性，故與禪僧們之思想有相契合處而頗能引起他們之關心。因此，《普門院經論章疏語錄儒書等目錄》記有《無垢先生中庸說》二冊，《晦菴中庸或問》七冊。無垢先生就是宋儒張九成。《中庸》論性，論道，論誠，故在此擬以它們為中心，以探討日本禪林對此一經典之理解情形。

人類原始，對生命意識力甚微，所遇變化，不知其然，僅仰視於天而已。嗣知識漸開，想像天有主宰為「天帝」，「帝」有意志，乃有命令，為「天命」。「性」从心从生，人以心領悟，人類秉於天，有生生不息之機，且稟有氣質焉。（註七〇）有關「性」的問題，中巖圓月的意見是：

孟軻氏以降，言性者差矣，或善焉，或惡焉，或善惡混焉；或上焉，中焉，下焉而三之，皆以出乎性者言之耳，舍本取末也，性之本靜而已。善也惡也者，性之發於情而出者也。（註七一）

亦即他認爲孟子以後的性論爲誤，且又以爲性有本然之性與氣質之性；只因氣質之性善惡相混，所以情亦善惡相混。他又說：

道之大端有二，曰天，曰人。天之道，誠也；人之道，明也。夫惟誠明之合乎體，則中也，正也。正也者遵道而不邪，中也者適道而不偏。適，故能通，遵古不失。不失者，微乎理而正也；能通者，精乎事而中也；中正也者道之大本而已。予所居皆以中正扁焉，庶幾乎道也者不可須臾離也之訓也。（註七三）

中巖此言當係受宋儒學說之啓發，及根據其本身禪的體驗而來。他更說：

仁者，誠也；知者，明也。誠也者，生乎天之性也；明也者，成乎人之學也。是故學不欲止，性不欲動。樂山者以其生乎性也，樂水者以其成乎學也。其性苟動，則喜、怒、哀、樂之情輒發矣；其學苟止，則情欲之發，亦不能中節也。是故性靜則中也，學進則和也。故《中庸》曰：「中也者，天下之大本也；和也者，天下之達道也」。以其天性，故曰大本，以其人學，故曰達道也。（註七四）

此應是根據《中庸章句》〈第一章〉：「喜、怒、哀、樂之未發，謂之中；發而皆中節，謂之和。中也者，天下之大本也；和也者，天下之達道也」來解釋「仁者樂山，智者樂水」者。由此可推知其對《中庸》有相當深入之理解。

心所發爲意念，意念有清濁，即如事有錯雜，物有蔽障。人缺乏修養，行不由道，爲其意念濁蔽，迷失其心。「性」有「欲」有「情」，「欲」大於「情」爲惡，「情」大於「欲」爲善。「欲」多之至，所謂人欲橫流，則人之意念自必昏蔽。存於中，形於外，見君子，自覺羞然；此時雖欲掩飾，亦屬無用。「情」大於欲爲「誠」，誠於中，亦則形於外。（註七五）「誠」推動宇宙，變化事物，循環不息，爲天地變化之理。「性」之靈爲「知」，「性」之能爲「行」，知行善調情欲爲誠，誠至亦動亦化。故天下爲至誠可以盡人性，盡物性；能盡物性，則可以助天地之化育，亦可以與天地參。（註七六）《中庸》〈二十二章〉云：

唯天下至誠，爲能盡其性，能盡其性，則能盡人之性；能盡人之性，則能盡物之性；則可以贊天地之化育；可以贊天地之化育，則可以與天地參矣。

同書〈二十六章〉則云：

故至誠無息，不息則久，久則徵，徵則攸（悠，以下同）遠，攸遠則博厚，博厚則高明；博厚所以載物也，高明所以覆物也，攸久所以成物也。博厚配地，高明配天，攸久無疆。如此者，不見而章，不動而變，無爲而成。天地之道，可一言而盡也。其爲物不貳，則其生物不測。

對此一方面的問題，京都相國寺第五十世東沼周曮的見解是：

誠者天之道也，誠〔之〕者人之道也。何謂誠者天之道也？日、月、星、辰繫焉；何謂誠〔之〕者人之道也？仁、義、禮、智繫焉。故《詩》云：「維天之命，於穆不已」。蓋曰天之所以為天也，於乎不顯文王之德之純。蓋曰文王之所以為文也，純亦不已。然則至誠之道，昭昭而顯著，上焉者為天耶，下焉者為文耶？夫至誠之於物也，博厚高明，變化無窮。惟是不形，形則著也。（註七七）

東沼這段文字乃根據《中庸章句》立說，宛如儒者之言。

孔子少言「忠」。忠，古指忠君，亦可訓為忠於事人；曾子曰：「為人謀而不忠乎」？即己之所欲，亦施於人。「恕」為人對人之消極行為，彼此關係，亦屬相對待；為己所不欲，勿施於人。《中庸》〈十三章〉云：

忠恕違道不遠，施諸己而不願，亦勿施於人。君子之道四，丘未能一焉：所求乎子以事父，未能也；所求乎臣以事君，未能也；所求乎弟以事兄，未能也；所求乎朋友，先施之，未能也。庸德之行，庸言之謹，有所不足，不敢不勉，有餘不敢盡，言顧行，行顧言，君子胡不慥慥爾。

有關「忠」「恕」的問題，義堂周信說：

忠，中也。夫中心者，非世所謂心也，佛祖所傳妙心也。中也者，非世所謂中也，天下大本之中也。大本，故無道不歸焉，妙心，故無法不攝焉。推而廣之，在儒氏也，仁之，義之，禮之，樂之，而皆不出乎是大中矣。在佛氏也，戒焉，定焉，慧焉，是三者學，皆不離乎是妙心。統而一之，則惟中爲心。心，猶中也；中，猶心也。曰：惟心而已矣。斷斷乎儒于是，佛于是，則忠也，恕也，亦皆在其中矣。（註七八）

此乃將「中」把握爲《中庸》所言：「中也者天下之大本也」，並且將其視爲與佛教之妙心同義，以言心即中，中即心，而仁、義、禮、樂等萬德萬行皆歸其中。（註七九）亦即義堂是從儒、佛一致的立場來論述其中觀的。

第四節　對《論語》、《孟子》的理解

《論語》是一部人人必讀的書。中國幾千年來，無論立身處世以及政治社會，莫不以儒家思想爲主，因此，士人皆奉《論語》所記內容爲其行爲圭臬。就日本言之，亦以它爲儒教之根本經典而尊崇，且被視爲是一般有教養的人士所必讀之書。就其禪宗社會而言，其情形亦復如此。《孟子》則因含有易世革命思想，故長久以來日本官方有諱避它的現象。但隨著《四書》中心主義的宋代新儒學經由禪僧東傳，在日本普及以後，其尊崇《孟子》的風潮便逐漸開展。雖然如此，其研讀《孟子》的似仍不及研究《論語》者多，此可由彼邦人士所留下之文獻得知其一二。

1.《論語》：

日本中世禪林雖尊崇《論語》，卻有人懷疑它未經聖刪，例如虎關師鍊：

吾謂《論語》不經聖刪，諸徒交記。其文大醇而小疵，然則魯人誇國而矯聖言乎？若又孔子一時之戲謔，而贋徒闇識布簡牘耶？（註八〇）

亦即言其文「大醇而小疵」而持批判的態度。虎關的態度雖如此，卻可從《普門院經論章疏語錄儒書等目錄》發現朱子之《論語精義》三冊，及可能出自朱震之手的《論語直解》一冊，可見宋儒新註之《論語》至遲在十三世紀四十年代初期已被輸入日本。

儒家之人生態度，以就自己之欲與不欲，譬之於他人之欲與不欲，最能近道：是「能近取譬，可謂仁之方也。」（註八一）仁為人之對人，忠為人對人之積極行為，彼此之關係，屬於相對待。君欲臣對其忠，君須施臣以忠（禮）；倘若君視臣如犬馬，如土芥，則臣亦反視之如國人（路人），如寇讎。恕為人對人之消極行為，彼此關係，亦屬相對待；為己所不欲，勿施於人。能忠能恕，則距道不遠，能推己及人，以己度人，則可以盡人情。季弘大叔對忠、恕所作解釋是：

夫忠者盡己之謂焉，恕者推己之名焉。

季弘此一解釋，實僅將朱註所記：「盡己之謂忠，推己之謂恕」敍述而已，所以並無新意可言。

仁為人與人之同情心，為儒家之明德，為儒道之體；其不能達此境界者，乃修道以教之（明明德）。仁之用，為推己及人；自己之意識以至行動，感覺自己之存在，同時應想及對方，而設身處地。《大學》絜矩之道，善述此義：絜，度也，以己度人；矩，方也，務求方正，各得其平。（註八二）仁至則欲之成分減消，為私之心退；情之成分增長，為公之心進，是為誠。誠則同情心純，心純用之於政，則視人之饑如己饑，視人之溺如己溺；以不忍人之心，行不忍人之政，其負責之至，則得仁政矣。（註八三）對《論語》之重點的「仁」，季弘大叔所作說明是：

> 仁也者何？人心也。濂洛諸君子以仁、義、禮、智爲人之性，前人未發之鑰鍵也。紫陽朱夫子之言曰：「仁者愛之理，心之德」，斯言盡矣。我輩均是物也，犯稱萬物之長，其只有一個之仁乎。且夫人心之妙，虛靈洞徹，備眾理，應萬物，明明歷歷，有少不休。或爲嗜欲所蔽，有時而昧。有良師良友之砭之鋤之，而復于固有之性，則譬如日之東升而靡幽而不照；四方之至廣，天地之至大，豈非我心府中之一物乎？（註八四）

由於季弘以程、朱爲儒家之正統，故其對儒學所發之言亦以他們爲宗，更以仁爲心，而說復性之重要。非僅如此，他也還認爲如能復天賦之性，便能與天合一。他說：

> 天也者何？道也，理也，性也，誠也，而人之所以爲人，亦無他，以仁，以義，以禮，以智也。故久人能正心修身，以復性之始，則天之與我，不約而爲一矣。（註八五）

季弘的話雖如此，但其言只不過祖述朱子之〈復性說〉而已。

仁爲道之體，孟子謂：「仁之實，事親是也」；義爲基於仁得宜之行爲，孟子又謂：「義之實，從兄是也」。（註八六）子對父行仁爲孝，弟對兄守禮義爲悌，此爲爲人之本，本立道生，所謂堯舜之道者，亦此孝悌而已。人能孝悌，仁而禮義，既不犯上，又不作亂，則天下平。

> 有子曰：「其爲人也孝弟，而好犯上者鮮矣；不好犯上，而好作亂者未之有也。君子務本，本

立而道生，孝弟也者，其爲仁之本與」。（註八七）

雲章一慶對《論語》這章文字所爲之解釋是：

本註理解「孝弟也者其爲仁之本與」之意，它似認爲孝弟爲骨幹，仁爲枝葉。爲仁，猶曰行仁，故孝弟也者其爲仁之本與。新註勝於本註，其所以勝於本註的原因在於深切瞭解性。（註八八）

文中所謂「本註」，就是何晏的《集解》，亦即雲章捨何註而採朱註「猶曰行仁」之說，並且斷言新註優於「本註」。

日本禪林對《論語》的理解之傾向於朱子新註，而室町後期的禪僧仁如集堯的情形亦復如此。這就如上節探討他們對《中庸》之理解時所說，其對「忠恕」兩字的解釋係祖述朱子之意，而在《論語》方面亦未能逸出這個範疇。例如他在解釋忠恕、一貫時所說：

子曰：「參乎！吾道一以貫之」。曾子曰：「唯」。門人問曰：「何謂也」？曾子曰：「夫子之道，忠恕而已矣」。解其義者，古今繁多也，………忠者本乎心，恕者推己及物，一貫之謂也。一是太極，貫是萬物，天地陰陽，四時五行，森羅萬象，不出忠恕二字也。儒道極則，聖賢傳授之妙理，在一貫之上。（註八九）

可證。

就南化玄興而言，其情形亦復如此。其《虛白錄》，卷三，〈一以字說〉記曰：

如心之兩字者，恕之一字也。儒箋曰：「忠謂盡中心，恕謂恃我於人」。先哲雖弘道於牛棟之書，夫子之道，忠恕而已矣。以一貫之道，爲諱，爲字者，豈無所以乎哉！

誠如芳賀幸四郎所說，其所引「儒箋曰」之句固爲皇侃之註而表示南化並未完全傾向於宋儒新註，卻可由此得知此一時期的禪僧是利用新、舊兩種註解來理解《論語》的。（註九〇）

2.《孟子》：

如前文所說，因《孟子》含有易世革命之思想，故長久以來，此一儒家經典爲日本當局所敬而遠之，直至《四書》中心主義的宋學經由禪林滲透於學界，尊崇《孟子》風潮方纔高昂起來。此事就如其花園天皇（一三〇八～一三一八在位）閱讀此書後所云：

此間見《孟子》，此書指無説歟？仍不及傳授，只所見也，其旨誠美。仲尼之道，委見于此書歟？盡人之心性，明道之精微，不可如此書，可畏後生必可翫此文者歟？（註九一）

當可認爲是彼邦人士尊崇《孟子》的一種表現。我們雖難於得知花園天皇所讀《孟子》究竟爲漢唐古註，亦或宋儒新註，但《普門院經論章疏語錄儒書等目錄》錄列著《孟子》二冊，《孟子精義》三冊，《晦菴集註孟子》三冊，而後兩者爲朱子所著書，則朱著《孟子》亦至遲在十三世紀四十年代初期已東傳日域。

那麼日僧的《孟子》研究情形如何？下文擬對此一問題進行探討。

虎關師鍊以齊宣王請教齊桓、晉文之故實，認爲他具有大教育家之資格曰：

齊宣王問孟子：「齊桓、晉文之事可得聞乎」？孟子對曰：「未聞也」。後宣王見於雪宮，孟子引晏子語景公事告之。宣王大悅。嗚呼！孟子可謂善教者矣乎。蓋孟子始見宣王，未知宣王王霸才，故先欲進王業。佯曰：「桓文事未聞也」。孟子豈不知桓文事哉！庶或引王入王域，故曰未聞也。漸見宣王無王才，不得已，雪宮宴引晏子言教宣王，孟子之於宣王也厚矣乎！臣之思君之深未有也。夫仲尼徒，無道桓文事，寧下景公乎？況晏子乎？然宣王之不才也不忍棄，猶引晏子言教之。然則大賢之教，救世思君者，如孟子者鮮矣。爲人師者，可不爲執軌格乎？（註九二）

國以民爲本，政爲民而設，孟子是以告齊宣王：「保民而王，莫之能禦也」。宣王殺牛釁鐘，因「不忍」其觳觫，若無罪而就死地，故以羊易之；惻隱之心，仁之端也，爲政者但求有此「不忍」之心，乃能發於「不忍」之政；牛羊原無異，但君子之於禽獸，見其生不忍見其死，聞其聲不忍食其肉，孟子以既有此「不忍」（仁）之心，雖屬仁術，亦發保民之端，可以王也矣。虎關師鍊對此一故實的意見是：

齊王以羊易牛，孟子以爲仁術，蓋君子之心，忍其未見，不能忍其見也。予謂：孟子之論未盡矣。夫人君之行刑也，有司存焉，豈躬自之乎？若以不見恣刑，我懼其濫焉，韓子醇乎之言，恐未也。（註九三）

此言孟子雖能因時因人而隨機教化人，卻驅使其辯才而有未盡之處。由上舉兩段文字觀之，虎關對《孟子》有相當之研究，他對孟子雖有褒有貶，其見解卻有獨到之處。

孟子謂：「敬長，義也」；又曰：「義之實，從兄也」。父子以仁爲本，兄弟則以義爲本。昔舜不得於父瞽瞍，及異母弟象；父、弟共同謀殺舜而未果；象且進而謀舜之妻、財，舜並非不知，乃是以敬存心，善施同情，以中和相處，務求各得其宜，舜以兄弟之情不能自已，象憂亦憂，象喜亦喜，此之謂也。

> 萬章曰：「父母使舜完廩，捐階，瞽瞍焚廩。使浚井，出，從而揜之。象曰：『謨蓋都君，咸我績。牛羊父母，倉廩父母，干戈朕，琴朕，弤朕，二嫂使治朕棲』。象往入舜宮，舜在牀琴。象曰：『鬱陶，思君爾』！忸怩。舜曰：『惟茲臣庶，汝其于予治』。不識舜不知象之將殺己與」？曰：「奚而不知也？象憂亦憂，象喜亦喜」。（註九四）

對萬章所提之問題，孟子又舉子產使管池沼的小吏，將別人贈送之魚放進池中飼養之故實作進一步說明：

> 曰：「然則舜僞喜者與」？曰：「否。昔者有饋生魚於鄭子產，子產使校人畜之池。校人烹之，反命曰：『始舍之，圉圉焉，少則洋洋焉，攸然而逝』。子產曰：『得其所哉！得其所哉』！校人出，曰：『孰謂子產智？予既烹而食之。』曰：『得其所哉！得其所哉』！故君子可欺以其方，難罔以非其道。彼以愛兄之道來，故誠信而喜之，奚僞焉」！（註九五）

對這則故事，春屋妙葩的見解是：

> 昔有饋魚於鄭子產。子產使校人畜之池。校人烹之。反命曰：「始舍之，圉圉焉。圉圉，困而

未舒貌。少則洋洋焉，攸然而逝。子產曰：「得其所哉！得其所哉」！不疑焉。校人出，曰：「孰謂子產智？予既烹而食之，曰：「得其所哉！得其所哉」！孟子引此事曰：「君子可欺以其方，難罔以非其道」。朱熹注大意曰：以理之所有誑之，是曰欺；以理之所無昧之，是曰罔。言君子聞理之所當則不疑，故可欺之。其理之所乖不肯，故難罔之。若也抑而罔者，必壞；欺而不休者，獲罪於天也夫。以孟子所論，想見古今窮達變通事，諸公以爲如何？（註九六）

妙葩所言，雖是引〈萬章篇〉之故實，以稱美室町幕府第二任將軍足利義詮之爲人，卻可由此窺見其對《孟子》有相當深入之研究，而其研究係根據宋儒新註進行的。

由上文觀之，日本中世禪林對儒家經典——《五經》、《四書》都能作深入研究，其說雖大都祖述宋儒之意，亦不乏有其獨到之見解。

【註釋】

註一　芳賀幸四郎，《中世禪林の學問および文學に關する研究》（京都，思文閣，昭和五十六年十月），頁五一。

註二　蘭溪道隆，《大覺禪師語錄》，卷中，〈建長寺小參〉。

註三　蘭溪道隆，《大覺禪師語錄》，卷上，〈常樂寺錄〉。

註四　義堂周信，《空華集》，卷一一，〈袁氏羸吟序〉。

註　五　師蠻，《本朝高僧傳》，卷三二，〈中巖傳〉。

註　六　中巖圓月，《中正子》〈敍篇〉。

註　七　中巖圓月，《東海一漚集》〈辨朱文公易傳重剛之說〉。

註　八　義堂周信之生平，値得一提的是致力於侯伯之儒的教化，當他在鎌倉時，曾爲管領（職稱）足利基氏講仁義，說治國之道而富於啓沃力。如據其所著書《空華集》，卷一八，〈銅雀硯記〉的記載，則基氏獲銅雀硯而愛不忍釋。義堂乃勸誡之曰：「人君修德，則遠人歸，方物至，理必然也。惟我府君果能修德以待物，則四夷八蠻之國，珠翠象犀之貢，威弗加而自服，譯弗重自獻，豈止是硯而已矣？但玩物喪志，則君子不取」。

註　九　義堂周信，《空華日用工夫略集》，康曆三年（一三八一）十一月七日條。日本南朝於本年二月十日改元，北朝則於二月二十四日改元，故義堂所記日期雖仍使用康曆，但應爲永德元年。

註一〇　同前註所舉書，同年十二月二日條。

註一一　同前註所舉書，永德元年（一三八一）九月二十二日條。

註一二　同前註所舉書，同年九月二十五日條。

註一三　仲芳圓伊，《懶室漫稿》，卷七，〈安中字說〉。

註一四　同前註所舉書，卷五，〈野橋梅雪圖詩序〉。

註一五　桃源瑞仙，《雲桃抄》〈報本章〉。

註一六　同前註。

註一七　芳賀幸四郎，註一所舉書，頁六五。

註一八　翱之慧鳳，《竹居清事》〈太極說〉。

註一九　芳賀幸四郎，註一所舉書，頁六六。

註二〇　翱之慧鳳，《竹居清事》〈晦菴序〉。

註二一　季弘大叔，《蔗軒日錄》文明十七年（一四八五）九月二十六日條所錄〈先天字說〉。

註二二　同前註所舉書，〈秋浦說〉。

註二三　桂林德昌，《桂林錄》〈除夜小參〉。

註二四　唉雲清三，《古文眞寶抄》前集，〈朱文公勸學文〉條。

註二五　岐陽方秀，《不二遺稿》〈送連山知客歸山陽敘〉。

註二六　參看芳賀幸四郎，註一所舉書頁七六。

註二七　翱之慧鳳，《竹居清事》〈對友人問〉。

註二八　景徐周麟，《翰林胡蘆集》，卷八，〈柏春字說〉。

註二九　參看芳賀幸四郎，註一所舉書，頁八三。

註三〇　參看註二〇所引文字。

註三一　虎關師錬，《濟北集》，卷一一，〈詩話〉。

註三二　義堂周信，《空華日用工夫略集》，應安四年（一三七一）九月二日條。

註三三　蔣伯潛廣解，朱熹集註《論語》（臺北，啓明書局，未署出版年月），頁一三。

註三四　東陽榮朝，《少林無孔笛》，卷六，〈惟正〉。

註三五　龍泉冷淬，《松山集》，卷一，〈直江〉。

註三六　芳賀幸四郎，《中世禪林の學問および文學に關する研究》，頁九五。

註三七　義堂周信，《空華日用工夫略集》，永德元年（一三八一）十二月三日條。

註三八　南浦紹明，《語錄》，卷上，〈冬至小參〉。

註三九　南浦紹明，《語錄》〈崇福寺錄．端午上堂〉。

註四〇　玉隱英照，《玉隱語錄》〈成周說〉。

註四一　蔡沈，南宋（一一六七～一二三〇）理學家。字仲猷。福建建陽人。蔡元定之子。年少時師事朱熹，後隱居九峰，學者稱九峰先生。他以心爲政治倫理之根本，強調禮樂教化，典章文物，家齊治平，乃是心的發展歷程。著有《書集傳》、《洪範皇極》、《內外篇》等書。見《宋史》〈儒林傳．蔡元定傳〉。

註四二　義堂周信，《空華集》，卷一三，〈古標唱和詩集後序〉。

註四三　義堂周信，《空華日用工夫略集》，永德元年（一三八一）十二月十七日條云：「物先來飯，問皇考、王考之別。余引《禮記》祭法詳而解釋矣」。

註四四　義堂周信，《空華日用工夫略集》，永德三年（一三八三）五月二十四日條。

註四五　惟肖得巖，《東海璚華集》〈瞻雲軒序〉。
註四六　中巖圓月，《東海一漚集》，卷二，〈全壁說〉。
註四七　無文元選，《無文和尚語錄》〈匡性禪尼〉。
註四八　虎關師鍊，《濟北集》，卷一九，〈通衡〉之四。
註四九　同前註。
註五〇　義堂周信，《空華集》，卷一一，〈袁氏羸吟序〉。
註五一　中巖圓月，《東海一漚集》，卷二，〈希文說〉。
註五二　義堂周信，《空華日用工夫略集》，永德元年（一三八一）十二月三日條。
註五三　陳式銳，《唯人哲學》（廈門，立人書報社，民國三十八年一月），頁一。
註五四　同前註。
註五五　義堂周信，《空華日用工夫略集》，永德元年（一三八一）十二月二日條。
註五六　同前註。
註五七　同前註所舉書，同年十一月十日條。
註五八　義堂周信，《空華集》，卷一六，〈心山說〉。
註五九　陳式銳，《唯人哲學》，頁七～八。
註六〇　芳賀幸四郎，前舉書，頁一〇七。

註六一　陳式銳，前舉書，頁三。

註六二　岐陽方秀，《不二遺稿》，卷下，〈明之說〉。

註六三　芳賀幸四郎，前舉書，頁一〇八。

註六四　岐陽方秀，《不二遺稿》，卷下，〈義海〉。

註六五　同註六二。

註六六　月舟壽桂，《幻雲文集》〈新甫字說〉。

註六七　村庵靈彥，《村庵稿》，卷下，〈居家四本補亡書後題〉。

註六八　仁如集堯，《縷冰集》，卷下，〈貞岳號〉。

註六九　武內義雄，《東洋哲學史》，第二十三章，〈道學の大成——朱子〉。

註七〇　陳式銳，《唯人哲學》，頁一。

註七一　陳式銳，前註所舉書，頁二。

註七二　中巖圓月，《中正子》〈性情篇〉。

註七三　中巖圓月，前註所舉書，〈中正銘并序〉。

註七四　中巖圓月，前註所舉書，〈方圓篇〉。

註七五　陳式銳，前舉書，頁一〇。

註七六　陳式銳，前舉書，頁一二。

註七七　東沼周曮，《流水集》〈顯室說〉。
註七八　義堂周信，《空華集》，卷一六，〈惟忠說〉。
註七九　芳賀幸四郎，《中世禪林の學問および文學に關する研究》，頁一一九。
註八〇　虎關師錬，《濟北集》，卷一九，〈通衡〉之四。
註八一　《論語》〈雍也篇〉云：「子貢曰：『如有博施於民，而能濟衆，何如？可謂仁乎』？子曰：『何事於仁，必也聖乎，堯、舜其猶病諸。夫人者，己欲立而立人，己欲達而達人。能近取譬，可謂仁之方也已』。」
註八二　陳式銳，《唯人哲學》，頁一五。
註八三　陳式銳，前註所舉書，頁一九。
註八四　季弘大叔，《蔗庵遺稿》〈東明說〉。
註八五　季弘大叔，前註所舉書，〈天啓說〉。
註八六　《孟子》〈離婁篇〉。
註八七　《論語》〈學而篇〉。
註八八　雲章一慶，《雲桃抄》〈報本章〉。
註八九　仁如集堯，《縷冰集》，卷下，〈一之齋說〉。
註九〇　芳賀幸四郎，前舉書，頁一三一～一三二。
註九一　《花園天皇日記》，元亨元年(一三二一)三月二十四日條。參看芳賀幸四郎前舉書，頁一三三～一三四。

註九二　虎關事錬，《濟北集》，卷一九，〈通衡〉之四。

註九三　同前註。

註九四　《孟子》〈萬章篇〉。

註九五　同前註。

註九六　春屋妙葩，《知覺普明國師語錄》，卷三。

第六章　朱子學之應用情形與其傳佈情形

第一節　對朱子學的應用

日本鎌倉時代（一一八五～一三三三）的儒學研究以京都爲中心，而京都的儒學研究又可分爲以大江、中原、清原、三善、菅原及藤原南家、式家等公卿貴族爲中心之京都儒流，和與圓爾辨圓、蘭溪道隆、兀庵普寧、大休正念、鏡堂覺圓、一山一寧，主要以自中國赴日之禪僧爲主的禪林儒學。前者以漢唐古註爲依據，後者則根據宋儒新說，亦即主要根據朱晦菴所註書從事儒學研究與教化工作。有關當時的王官貴族研究儒學的問題，容於後文考察，在此僅就日本禪林之儒學研究，尤其對《五經》的應用情行進行探討。

在日本中世禪林裏，中巖圓月乃對《易》學有相當造詣的僧侶之一，此可由收錄於其所著《中正子》〈辨朱文公重剛之說〉，及《東海一漚集》，卷二，說部〈居潛說〉、〈不疑說〉、〈復初說〉、〈溫中說〉，或同書記部〈養素軒記〉獲得佐證。他在《中正子》〈革解篇〉裏，不僅對《易經》作學理的解釋，而且還說：

離下兌上革。〈序卦〉曰：「井道不可不革，故受之以革」。〈雜卦〉曰：「革，去故也」。

中正子傳曰：「離，火也；兌，金也。火能克金，金曰從革。改更之，銷鑄之，可以爲器也。

……仲尼曰：「革而信之」。中正子曰：「改革之道，不可疾行也。……人心未信之之時，不可改也，人心已信之之日，可以革之者也。凡秋之爲味也辛，晏日之繼庚（更）以辛。辛者，新也，辛，難也。是以天下國家行制令之新者，則蚩蚩庸庸，無知之民不習熟，熟故以艱辛不便之患，偶語於朝廷，流言於天下，故兌爲口舌也。是故庚（更）革之道，不宜速疾，必逮其事畢已之日，則彼無知之民，漸之熟之，而后信之，反爲便利以自行之。故曰：「已日乃孚，元亨悔亡利貞」。改革之道，天下之大利也，君人者及率衆者，可不知乎？（註一）

亦即他在與現實政治發生關聯上來把握《易》理，以諷諭當時天皇——後醍醐所實施之新政——建武新政，並且又在其〈上建武天子表〉裏言：「故《易》曰：『湯武革命，順乎天而應於人』」之句以論革新之道。

義堂周信則當關東管領（職稱）之執事（職稱）上杉氏憲來訪時，引《易經》「其亡，其亡，繫于苞桑」之句，以言培養不動之根柢的必要，並且言：「此所以持滿之術也。」（註二）以作爲應變事故之心理準備。義堂也認爲《易經》與人生之窮通有關而言：「《易》，知命之書也，天、地、人三才，萬物皆收在其中」。因此，它是爲政者所必讀之書。（註三）非僅如此，更利用〈謙卦〉作字說曰：

於《易》〈謙卦〉有之，曰：「謙亨，君子有終」。其〈象〉曰：「地中有山，謙，尊而光，卑而不可踰」，君子之終也。……君子觀之，以道牧，處卑而弗爭，居尊而能降。故位益高而不危，名益庳而不辱。厥道也不期乎亨而克亨矣，厥德也不待乎終而克終矣。是謙之道，所以亨且終也。(註四)

而道出〈謙卦〉之眞精神。

岐陽方秀則藉禪理以說明《易》理，藉《易》之思想來解釋禪，將釋迦在菩提樹下的開悟比作包羲氏之畫卦，從而斷言只要通達《易》之根本原理，便能瞭解佛祖之思想與其行止。故曰：

其所謂佛，即是心云者，即〈坎卦〉之象也；所謂心，即是佛云者，即〈離卦〉之象也。(註五)

岐陽對《易》學所發之言雖未逸出禪家之範疇，卻可由此窺見其對此一學術所表示之關心。因他常藉《易》之思想來釋禪，所以每每引用《易經》文字來表達自己的意見。例如：

《周易》〈離卦〉曰：「離，明也」，明也者，明德也。明德也者，乃吾聖人之德，所謂一心也。人人之所具，素有之大本，寂而常照，照而常寂，若止水焉，若明鏡焉，若帝網珠焉。然則明德，一心之用；明德之體，惟人不明之作狂，惟狂克明之則作聖。聖之與狂，其在一心之明與不明也歟？(註六)

又如：

夫〈離〉之爲卦也，其中乃虛；〈坎〉之爲卦也，其中乃實。實即虛，虛即實，所以且交且互者，在乎其中也。大哉！中之爲道也，吾佛設教，敘其緣起，則曰染，曰淨而已。若夫眾生苟迷此心，則惑也，業也，果報也，實乎險耶？流而不返，其義蓋取乎〈坎〉者也。一旦或資於人，或資書，幡然警厲奮發，克自變天不美之質，明至善之德，則信也，解也，行證也，虛乎無耶？照照然，赫赫然，雖夫千日並照，其明不可爲之喻焉，其義蓋取乎〈離〉者也。但染淨雖殊，而所以爲中之道，不可以不同也。其又淨即染，染即淨，猶〈離〉不離乎〈坎〉，〈坎〉不離乎〈離〉也，而咸具於一心之中焉者也。（註七）

此固爲融儒、釋以立說，卻引用朱熹之居敬窮理，及《易》之〈離〉、〈坎〉二卦來說明修心之法，將它們融爲一體，可謂巧妙之至。

儒家哲學之中心爲仁。仁，从二，从人。鄭玄曰：「仁，人相偶也」。人與人相偶，人與人對立之概念乃成；由概念而生意識，人見人而知同類，同類相處而起同情，人感人則推己及人；仁者，人之道也。

孟子曰：「仁也者，人也，合而言之，道也」。（註八）

人受於天而生，賦有氣質（知與能）；惟此氣質有異，或過或不及。順應事物有一定道理，聰明者以知之易而忽之，愚者以不及知而莫由，彼此相去，不得中道。混混而生，有如飲食之常，亦鮮能知其味者。是道之運行，乃不得其順。中巖圓月云：

《中庸》曰：「道之不行也，我知之矣，知者過之，愚者不及也；道之不明也，我知之矣，賢者過之，不肖者不及也。人莫不飲食也，鮮能知味也；道其不行矣夫」？又曰：「君子之道，費而隱」。夫婦之愚，可以與知焉，夫婦之不肖，可以能行焉。及其至也，雖聖人亦有所不能焉，吾佛之道，亦在行之耳。（註九）

此乃根據《中庸》四、五、十二章所作之字說——〈道行說〉，此外，他也作〈剛中說〉、〈溫中說〉、〈方中說〉等而無不根據《中庸》之思想而來，可見其對此一經典之尊崇與瞭解之一端。

其次就儒家所重視之「仁政」言之：先儒修己治事，行內聖外王之道，其於得民之法，以內聖（善教）重於外王（善政），亦唯有內聖備，然後可以外王。所以當子貢問政之際，孔子以「足食，足兵，民信之矣」教之。凡倉廩實，武備修，善政也，進而行教化，而民信之，是爲善教。子貢又問：「必不得已而去，於斯三者何先」？孔子謂：「去兵」。再問，則謂「去食」。蓋自古以來，人皆有死，但無信則不立，可見其以內聖爲立德之本。以其唯內聖可以外王，孟子乃謂「以善服人」（求取勝於人）不足，必「以善養人」（求同歸於善），庶可得民心服，而王天下。（註一〇）

爲政者如以至善（誠之境）待衆人，衡以誠能動人化人之義，則雖無爲而四方民衆歸之。孔子譬之如北辰，居天之樞而不動，四面衆星環繞而歸向之焉。（註一一）因此，東沼周曮乃言：

天地間，何物最大？仁而已。前乎千萬世之既往，後乎千萬世之方來，而仁與之相爲終始。大而天地之無際，小而一塵之至微，而仁與之相爲表裏。堯、舜以仁帝天下，禹、湯、文、武以仁王天下，皋、夔、稷、契、伊、傅、周、召以仁相天下，孔、曾、思、孟以仁師天下。五霸，仁之假者也；兩漢，仁之似者也；以至龔黃得仁之緒餘以守郡而一郡治，卓普得仁之土苴以令邑而一邑安，仁之時功效大矣是哉！故慈祥豈第之澤，一形於宮庭之奧，而東夷、南蠻、西戎、北狄之遠，皆囿於春風和氣之中矣！矜憐惻怛之意，一動於廟堂之上，而孩童、白叟，山豎、海椒，皆席於景星慶雲之下矣！是皆無他，以仁之一字也。仁者何也？嘉樂之謂也，民之嘉樂，以壯其邦；其邦嘉樂，則禽獸物也，而仁及之，禽獸物也，仁及之，況人乎！（註一二）

仁義之政，在其主事者推其同情心於民；愛仁者，人恆愛之，爲上者能恤民，則民親其上而死其長。政爲求民事之正，人得以遂其生，此爲仁政之目的所在，其有不恤民之生死君之富強者，爲先儒所不齒。因此，東沼乃根據孟子之說以言仁道之無邊效果的廣大，以諷爲政者。

人與人原有同類之感以推己及人之同情心，其發於行爲者亦莫不各得其宜，故謂仁義服人心之固有，迨乎爲外物如土地等所利誘，乃爭城奪國，反不以人爲重。爲國者唯利是圖，大夫如之，士庶人同之，上下交征利，物交物，人心喪失，以致不奪不饜，則非至弒簒不已。（註一三）因此，孟子勸告梁惠王：仁者必知愛其親，義者必知急其長，人君躬行仁義，而無求利之心，則便能感化天下，人民自會親近，擁戴國王。（註一四）生逢日本諸侯弱肉強食，下剋上之時代的翺之慧鳳，因見武士們的君不君，臣不臣的作爲，遂有感而發出如下之話以勸誡之曰：

凡治天下，仁以成經，義以成權，雖寬不可忘於義，雖察不可忘於仁，天下不可以無重望之大臣，天下不可無遠謀之機臣。無遠謀不能以應時變，無重望不能以服眾心。必有重望之大臣，

而副以遠謀之機臣，內以仁與義守之，外以寬與察資之，四海可坐而觀於掌上也。（註一五）

翺之以爲眞正的德政必須兼仁、義，能兼及仁與義，始能將政治辦得好。爲政者如未能守仁，守義，又不能以寬與察資之，便是失職。未能盡職，則上負於君而下負於民。翺之此言，實乃闡揚儒教之德治主義。足利衍述以爲這段文字議論雄偉，文章俊放，可謂日本五山禪僧之政治論的翹楚。（註一六）

仁爲人與人之同情心，爲儒家之「明德」，爲儒道之體；其不能達此境界者，乃修道以教之（明明德）。仁之用，爲推己及人；自己之意識以至行動，感覺自己之存在，同時應想及對方，而設身處地。《大學》絜矩之道，善述此意：絜，度也，以己度人；矩，方也，務求方正，各得其平。（註一七）仁者以其所愛及其所不愛，不仁者以其所不愛及其所愛；孟子以梁惠王驅民以戰爲例，蓋其缺乏不忍人之心也。仁欲得其正，則善持此不忍人之心。人對人由不忍而生惻隱、善惡、羞惡、辭讓、是非等情，以發仁義禮智之端。人有此四端，猶其有四體；擴而充之，近可事父母，遠足保四海，行之於政，治天下如運之掌上。（註一八）對此問題，季弘大叔曾作〈嘉邦說〉以勸誡爲政者曰：

天地之間，何物爲大？仁而已。前乎千萬世之既往，後乎千萬世之方來，而仁與之相爲終始。大而天地之無際，小而一塵之至微，而仁以之相爲表裏。堯、舜以仁帝天下，禹、湯、文、武以仁王天下。（註一九）

此乃根據儒家思想，尤其根據孟子之思想而來。季弘也還根據《孟子》〈公孫丑篇〉所言：「夫仁，天之尊爵也，人之安宅也」，作〈以仁說〉謂：「孟軻氏有言：『仁，人之安宅也』，至矣哉！此言」，以教化世人。

儒家道術，可稱人生哲學，由一身至一家，由一家至一國，由一國至天下，應行之道，應取方法，其爲何乎？曰：修身、齊家、治國、平天下。人與人之關係則有君臣、父子、夫婦、兄弟、朋友五倫，行乎此者，則可達天下之道。儒家以仁爲道之體，是故齊家之道，在善推此仁心而已。孟子謂：「仁之實，事親也」；義爲基於仁得宜之行爲，孟子又謂：「義之實，從兄是也」。（註二〇）父子兄弟，長幼各有「分界」，子對父行仁爲孝，弟對兄守禮義爲悌；此爲爲仁之本，本立而道生，所謂堯舜之道者，亦此孝悌而已。人能孝悌，仁而禮義，既不犯上，又不作亂，則天下平。東沼周曮云：

夫堯舜之道，孝弟而已。夫堯舜之道，如天之無所不覆，如地之無所不載。……而孟軻稱之孝弟，何哉？蓋人道莫先乎孝弟，堯舜之所以堯舜，惟此而已。（註二一）

東沼此言乃根據《孟子》〈告子章〉所記：

（孟子）曰：「……徐行後長者謂之弟，疾行先長者謂之不弟。夫徐行者，豈人所不能哉？所不爲也。堯、舜之道，孝弟而已。

及前舉《論語》〈學而篇〉所記：

有子曰：「其爲人也孝弟，而好犯上者鮮矣；不好犯上，而好作亂者，未之有也。君子務本，本立而道生，孝弟也者，其爲仁之本與？

而來。亦即他認爲：人得孝悌之本，便可出以事公卿，入以事父兄，故乃言此以教導世人。

由上述可知，日本禪林不僅鑽研宋儒學說而頗有心得，且不忘其身爲僧侶教化世人的本分，隨時隨地應用其所學，以教導世人。

第二節　朱子學在地方上的發展

1.薩南學派：

日本在室町時代(一三三六～一五七三)後期，中央的政治權力已完全失墜而其威勢分散於四方，在此情形之下，學問發展的傾向也自然分散於地方。前期的高僧如虎關師鍊、雪村友梅、中巖圓月、義堂周信、絕海中津、岐陽方秀、雲章一慶、仲芳圓伊、瑞溪周鳳、季弘大叔、桃源瑞仙等高僧名衲不僅擅長詩文，更興起設講授內外典的講席，以探討其文義之風。因此，在這個時期的詩文稍衰，唯流行講學之風氣，從而出現標上日式句讀的所謂訓點之書，此日式句讀叫做「和點」。與之同時，又出現作爲講義之筆記的所謂「國字解」，稱爲「抄」。而此「和點」、「抄」實可謂爲室町時代學術之一大特色。此一時期的講書、抄書家以萬里集九、唉雲清三等淄流最著，而清原宣賢等朝廷公卿，在這方面亦有相當造詣。就「和點」言之，以往雖有紀傳、明經等諸博士家的漢唐古註之訓點，然至此一時期則出現標示宋儒新註書之讀法的和點《四書》。對宋儒新註書加上訓點的，始於岐陽方秀而由桂菴玄樹、文之玄昌等人完成。桂菴爲岐陽方秀之弟子惟肖得巖之門人，其在日本朱子學發展史上的貢獻，除和點外，就是當他爲避京師之戰亂而在肥後（熊本縣）菊池氏作客之際，應薩摩（鹿兒島縣）島津忠昌之聘前往鹿兒島，使程朱之學普及於薩摩、日向（宮崎縣）等地，使薩南的文運興隆起來。

薩南學派的始祖桂菴，名玄樹（一四二七～一五〇八），號島陰，又號海東野釋。周防國（山口縣）人。臨濟宗僧侶。九歲時上京都，寓居南禪寺。年十六，剃髮受具。明憲宗成化三年（應仁元年，一四六七），與其正使天與清啓來貢，在中國停留七年。十四年（文明十年，一四七八）應島津忠昌之聘，住大隅（鹿兒島縣）正興，日向龍源兩寺。後來則董日向安國寺。明年二月，忠昌於鹿兒島田之浦建島陰寺（又名桂樹院），使桂菴居之，並給寺祿。自此以後，桂菴常於禪餘講程朱之學，且爲忠昌講授《書經》蔡傳，使其對政道有所悟。（註二三）

明憲宗成化二十三年（長享元年，一四八七）十二月，應日向飫肥城主島津忠廉之請前往日向，住福島龍源寺，然後董飫肥安國寺。因飫肥之福島港乃對明貿易之港埠，故請桂菴擔任撰擬交通文書之工作。因忠廉對桂菴之態度誠懇，與其子忠朝同執弟子禮師事之，於是乎學徒四方來集。孝宗弘治五年（延德四年，一四九二），重刊《大學章句》，謂之延德版《大學》。

弘治十五年（文龜二年，一五〇二）建東歸庵於薩摩伊敷村梅淵之上，過其退休後的生活。武宗正德三年（永正五年，一五〇八）六月十五日，以疾卒，享年八十二。著有《島陰集》（又名《島陰漁唱》）三卷，《島陰雜著》一卷，《家法和訓》一卷。《家法和訓》原題：《四書五經古註與新註之作者並句讀之事》，後來釋如竹改爲《桂菴和尚家法和訓》付梓，皆傳於世。

如據足利衍述的研究，桂菴在日本儒學史上的功績爲：修改訓點（句讀），鼓吹宋儒新註與新註書之刊行，及陶冶薩摩之士風。

儒家經典東傳日本以後，朝廷之博士家與五山禪林所用者各有異同。其在禪門者，最早由岐陽方秀加以改定，然後桂菴予以補正。桂菴所補正者完成於弘治十四年（明應十年，一五〇〇），現存本則雜有文之玄昌所增補者。雖然如此，仍可窺知桂菴之面目。惟桂菴之訓點止通行於薩南，中央則另有博士家之訓點通行於世，所以兩種訓點同時被採用。直至江戶時代（一六〇三～一八六七）初期，如竹刊行了文之玄昌訓點之《四書集註》與《周易傳義》，始廣爲世人所接觸。於是桂菴的訓點便與其他諸家所爲訓點並行於天下，廣泛的貢獻學界。（註二三）

桂菴玄樹在弘揚朱子學方面的最大貢獻，就是在德川初期掌握了一藩的文教，因此，薩摩藩在日後甚少有人學習朱子學以外之其他學派——異學的學術。而他之刊行《大學章句》，在日本儒學史上之功亦不可沒。因爲彼邦自十四世紀三十年代至十六世紀七十年代，雖曾重刊《論語》、《孟子》、《左傳》、《禮記》等書，但俱屬古註本。日本人之重刊宋儒新註書，實以桂菴玄樹與伊地知重貞於明英宗成化十七年（文明十三年，一四八一）商議刊印《大學章句》爲其嚆矢。然當此重刊本問世時，只通行於薩摩而鮮爲世人所知，直至日本天保年間（清道光十年～二十三年，一八三〇～一八四三），《漢學紀原》的作者伊地知紀安請佐藤一齋撰寫桂庵之碑銘而出示此重刻本——延德版《大學》

時，一齋大爲驚歎，把它拿給負責幕府文教的林述齋過目。述齋遂令人將其臨摹，然後庋藏昌平黌（今公文書館）。一齋應季安之請，贊桂菴影像曰：

吾道一貫，無隱乎爾。身披禪衣，心服闕里。洛派東漸，實自師始。心悅千古，桂影遠被。

此贊語亦被作爲〈桂菴禪師碑銘〉之銘詞。亦即桂菴之影響雖侷限於薩摩，其功卻值得大倡於天下。（註二四）

至於桂菴的思想之陶冶薩摩士風，亦值得一提。他曾調和釋教之見性與程朱之心法，而以之爲精神修養之樞要。他認爲：修學練武，以道義爲君家，殺身成仁爲武士之本分，故以此砥礪薩摩藩之君臣；其所言：「人若讀書師孔孟，士寧輕命學孫吳。」（註二五）即表示這種思想之一端者。

桂菴之儒學純採程朱之說而不雜異義，故在其《家法和訓》謂：

宋朝以來儒學，不原晦菴，不以爲學云云。新註諸家之說，違背晦菴之義者皆不取。

並且常在鄉校誦：「不宗朱子元非學，看到匡廬始是山」之句，以鼓舞其弟子。與之同時，他又規定讀《四書》、《五經》時所依據之註：《四書》爲朱子《集註》，《周易》爲朱子之《本義》，《書經》爲蔡沈之《集傳》，《詩經》爲朱子之《集傳》，《春秋》爲胡安國之《傳》，《禮記》則據陳澔之《集說》。此一規定在中央雖有桃源瑞仙等僧侶倡導，但從之者甚稀，至德川時代初期始由幕府嚴格作如此規定，故桂菴在戰國初已於九州南端實施之事實，頗值得我們注意。

桂菴圓寂後，傳其學術而將其弘揚於世且有顯著貢獻者，爲臨濟宗僧侶文之玄昌（一五五五～一六二〇）。文之，俗姓湯佐。七歲時奉父命出家。嗣京都東福寺龍吟庵熙春龍喜之法。長於詩，其所訂桂菴玄樹「訓點」之「文之點」（《四書集註》），流行於江戶時代。

文之以朱子爲繼承孔孟之正統者，言以心具衆理而應萬事，去心之塵昏以復初，更言性爲仁、義、禮、智，人而無其誠，便無法立於斯世。

桂菴圓寂後，文之玄昌成爲薩南學派的中心人物。文之曾接受當時至薩摩的明人黃友賢之指導，學習周濂溪與二程子之學說，而其學爲陽禪陰儒，致被謂：「公及士大夫之遊其門者，問禪者少，皆受朱註。自是三州（薩摩、大隅、日向）靡然嚮風」。由於薩南諸儒之致力弘揚朱子學說，宋學遂形成九州學術界的一大勢力。（註二六）

2.南學派：

所謂南學，係指日本戰國時代（一四六七～一五六八），由周防（山口縣）人南村梅軒在海南之一隅土佐國（高知縣）所創之學派而言。相傳南村爲大內氏之遺臣，於日本天文（一五三二～一五五五）末年至土佐，仕吉良宣經，講授《四書》與兵學。

土佐位於四國之西南隅，原屬僻壤之地，前有太平洋，後有崇山峻嶺而與伊豫（愛媛縣）、讚岐（香川縣）、阿波（德島縣）爲界。境內重巒疊翠而有仁淀、四萬渡兩大河流經其間，然後入海。當地士民風氣強悍，輕文尚武，無揖讓之風而日以爭鬥爲事，而南村之所以能在此創一學派，如據足利衍述之研究，其因有四：

(1)在十二世紀八十年代前期，當平清盛一族爲源氏所敗後，其餘黨多逃至此地，遂使驃悍的士民爲京都優美的文化所感化。

(2)文保二年（元仁宗延祐五年，一三一八），夢窗疎石至五台山創建吸江庵，又獲守護（職稱）津野氏之皈依而建海藏寺於須崎，而津野氏之子絕海中津與出身長岡（高知縣）之義堂周信俱入夢窗之門，成爲五山文學之雙璧；此後，五山禪僧之往來此地者衆多，而絕海之弟子鄂隱則長期在吸江庵振木鐸，京都文化因而大舉進入此地，掃除了蠻陌之風。

(3)迄至南北朝時代（一三三六～一三九二），守護（職稱）長曾我部元親至京都，從關白（職稱）一條經嗣之屬下學禮法；絕海中津之族人，守護津野之高則於室町時代（一三三六～一五七三）修習學問而擅長作詩賦，成爲當時日本國內著名的儒將，而此兩位守護之能文能詩，遂感化其境內之風氣。

(4)日本文明十年（明憲宗成化十四年，一四七八），從一位左大臣一條教房應長曾我部元親之孫文兼之請前往土佐；關白，且是當時唯一的碩學一條兼良爲避應仁之亂（註二七）而居奈良，其子教房則避戰亂於兵庫（兵庫縣）。因此，文兼乃遣人迎教房至土佐，使居岡豐城。未幾，教房爲土佐七位守護所推戴，遂遷至幡多郡中村爲國司。此後四代俱治理中村而爲當地諸豪族所尊崇。當時京都方經應仁之亂而成爲廢墟，聞教房之前往土佐而至該地之公卿多達數十人，致中村一時有小京都之概。他們講禮樂，砥勵文教，鼓吹縉紳優美之風氣。在此情形之下，七守護乃爭相仿效，遂使該地文化顯著發達。

土佐經京都文化四次的洗禮以後，邁入開化之域，從而瞭解除尙武外，亦須受文化的薰陶。南村梅軒適於此時由周防至土佐，故立刻被迎爲賓師，而得以創南學派。（註二八）

如據《吉良物語》、《南學傳》卷上、《諸家人物志》卷上、《大內殿有名衆及家中覺書》、《大內氏實錄》卷二四、《日本教育史資料》卷二十等史料的記載，南村梅軒之爲人沖澹恬靜，不羨榮耀，咬菜根，一簞食，一瓢飲而晏如，其所以能夠如此，當是平日深參禪道，遂開悟而臻於這種境界。他平日喜愛講《孝經》、《四書》及武經七書，而著有吐露其對兵學上之意見的《三十六策問》，惜今已佚亡。至其對儒學方面的貢獻，大高坂芝山云：

> 余閱國史，昔有南淵〔請安〕先生出焉，解釋聖經，爲王朝儒學中興之主；千歲之後，南村先生出焉，爲南方經業勃起之濫殤。贊曰：「南村有梅，幽芳絕妍。孤立萬花之頭上，獨步天下之春先」。（註二九）

而對他稱美不已。

南村對儒的見解是：

> 儒者乃總稱學物者之詞，自古分爲小人之儒與君子之儒，亦云達儒、腐儒、眞儒、曲儒。小人之儒者，務記誦之末事，闇於義理之源，徒賣名買祿，凡事爲利所牽引，只計較私欲者是也。腐儒者，拘泥於文字章句故紙之跡，不能益補於當世一般事務之用者之謂也。曲儒者，心頑偏頗，只顧援引古道以謗今政，不求諸己身而唯攻人之非，巧於文才辯舌而彩惡飾非之流者也。

通常所以將其名爲俗學，乃因他雖讀古經書傳，其心卻與俗人無異故也。君子之儒者，乃尊稱講、習仁義，身體力行而有得於心，自綱常彝倫之大，至起居飲食之小者，皆幽而通鬼神之道，顯則明於天道者之謂。達儒者，心思靈動而處事常能左右自在，接物隨機應變，混混而道義自出，其四通八達有如長江大河之水，滔滔不絕。眞儒者，自得眞實大道，言行一致，心貌如一，而以此道事君父，使臣妾，齊家、治國、平天下，弘行於四海九州，一以此道而不雜他術，亦即通常稱爲經業之學、性理之學、道義之學者也。

亦即南村將儒析爲達儒、腐儒、眞儒、曲儒而以眞儒爲最高，此種分類與荀子所言相似：其眞儒相當於荀子之大儒，達儒相當於雅儒，曲儒相當於散儒、賤儒，腐儒則兩者相同。惟此種說法只在名稱上，因南村所言眞儒之學在於性理學、道義學，故其根本義理在程、朱而非荀子。（註三〇）

南村認爲爲人應自反愼獨、遠怨，前者乃《中庸》之教，後者則爲《論語》之訓誡，亦即他以此爲日用正心修身之工夫，且以存心、謹言、篤行爲日用修爲之基礎。他認爲道雖廣邈，其實備於己，如認得學者爲己，則不因貧富而增減，不因利害而浮沉，斷然操定，此爲生命學問之效驗。亦即南村係根據《中庸》、《孟子》立言，這種說法實可謂爲前舉自反愼獨學問之註解。

南村在儒學方面雖只敷衍朱子的《四書集註》，卻建立儒禪合一之宗旨以陶冶海南武士，此與桂菴玄樹之以同一宗旨來陶冶薩南武士者相同，故他們兩人在日本戰國時代對儒學所作貢獻實不可磨滅。

南村的衆多弟子中比較有名的是谷時中（一五九八～一六四九），他是土佐人，曾入佛門。後因從南村學儒而還俗，且繼承乃師之學風，使南學派步上隆盛之途。時中之門人有野中兼山（一六一五～一六六三）、山崎闇齋（一六一八～一六八二）、小倉三省（一六〇四～一六五四）。其中，山崎曾於明曆元年（清順治十二年，一六五五）在京都設塾課徒，後來至江戶（東京）爲幕府大員保科正之講學並輔政，而對當時政治產生某一程度的影響，就這點言之，實爲薩南學派所不及者。

第三節　朱子學對當時公卿貴族的影響

自從朱子學於南宋後期東傳日本以後，至鎌倉時代（一一八五～一三三三）末期已頗爲盛行，其因在於朝廷之採用及禪宗之隆盛。朝廷之採用此一學術，肇因於後醍醐天皇（一三一八～一三三九在位）之好尚，後醍醐之好尚源於禪僧們之倡導，而禪宗之隆盛，則由於天皇之皈依，故日本當時朱子學之得以普及，實得力於他們兩者。

後醍醐即位後不僅採用朱子學，也還召玄慧法印進宮講解《四書集註》；而日野資朝、日野俊基、吉田冬方等新進公卿亦大力倡導，且獲花園上皇之極力贊助，故朱子學在此一時期的中央政府流行之情形有足觀者。後醍醐之所以採用宋儒新說，乃由於它言國家主義、尊王攘夷。至於涵養道義，以正心誠意爲學問之要的說法，亦爲花園上皇及北畠親房等大臣所重視，而擬藉此以提高廷臣們之健實精神，以復昔日之宏模。

前此公卿貴族修習之儒學爲漢唐古註，然當朱子學在朝廷流行以後，原採漢唐舊說之古註家，與神道家等亦相繼學習此新說，遂給已陷於僵化、停滯不前的王官儒學帶來新的機運。迄至南北朝時代（一三三六～一五九二），南朝因跼蹐於吉野（奈良縣），君臣爲興復而無暇於他，故於興學力有未逮，君臣僅奉後醍醐之遺志，涵養道義精神，故其儒家精神反而有益發蓬勃之趨勢。北朝則上有花園上皇，下有玄慧法印，他們在京都處於安泰地位，所以儒學頗爲盛行，惟欠缺道義精神之涵養與朝氣。其學術可析爲二：其一爲新古折衷派，其二則爲新註派。前者有上皇與博士之家，後者則有玄慧法印與其門下之紀行親、勸修寺經顯等。

迄至室町時代（一三三六～一五七三），日本儒學已純粹尊奉朱子學，故以朱子學爲儒學之正統，尊崇周敦頤已成一世之通論。其所以致此之原因雖不一，但隨時運之進展，掌握文教之牛耳之禪徒之於教化世俗之際重視儒教，亦即重視與禪靈犀相通之程朱之新儒學，將前此使佛居第一，儒居第二之學風，改變爲儒、釋兩教並立，而偏愛新註之儒家經典，且公開講授以求其普及之事實有密切關聯。

當宋儒新註書流行之際，墨守漢唐古註的守舊派——公卿學者之反對相當激烈，例如《花園天皇宸記》（花園天皇日記）元應元年（一三一九）九月六日條所記：

> 近日，宮中不斷議論有關道德、儒教之事。……而冬方朝臣、藤原俊基等人極力提倡宋儒新註。惟繼則以其義淺略而加以非難。

文中所提冬方，就是吉田冬方。朝臣（asomi）則是在天武十三年（唐睿宗嗣聖元年，六八四）所制訂八色（yakusa）姓之第二階。初時給與出身皇族的有財有勢者，惟至後來，凡有財有勢者無不稱朝臣，遂成爲代表身分的稱呼。這則日記的意思就是：公卿吉田冬方、藤原俊基等大力提倡宋儒新註，平惟繼則批判其膚淺。

日本鎌倉時代的儒學之新註派爲禪林儒學，採用漢唐古註者則爲諸博士家。此一時期的博士家已因其學問家學化而僵化、停滯不前。他們雖以其家學或家說爲天皇或幕府將軍、執權（職稱）講授儒家經典，卻仍墨守著舊習而未採宋儒新說。所以當新儒學日益隆盛而爲更多人士所接受後，那些守舊派難免產生憤懣之情。當時大儒菅原爲長遂與釋圓爾辨圓辯論，欲將其壓倒而反被問得無言以對。

當朝廷採用宋儒新註，且受禪林提倡宋學之刺激以後，博士家便開始努力於講授、研究新註。他們適當的接納宋學以補充、加強自家的學問，以維護其權威以不墜。他們採取這種方式，不僅有其必要性，而且在結果上也達到了某種程度的效果。結果，便產生兼採舊、新兩註的折衷之風氣，從而開啓室町時代（一三三六～一五七三）博士家折衷學之端緒。

由前文可知，公卿貴族們於當時儒學界，只居於輔助地位，朝廷則因其政權已旁落武士之手而無法居主動地位，故其施爲已毫無影響力。此一時期的京都之儒學，除五山僧侶外，尚有清原、菅原、中原諸博士家，及一條、三條西、壬生、小槻等公卿家較著。

就清原家言之，當時之代表人物爲業忠（一四〇九～一四六七），太極藏主云：

本朝諸儒，用清家、中家、菅家、江家、式家、善家之學，經之與紀傳，各異厥業，有不墜先

緒而教授者，又有怠學反術，廢其家傳者，又有無嗣而纔名存者。而今外史〔清原〕業〔忠〕公，積精深思，通達其旨，頃大開講肆，議說《論語》、《尚書》、《左氏傳》及諸典，其辨如翻波，天下學者皆師之。以公出，故清家之學大興也。（註三一）

由此當可推知業忠在儒學方面的成就。日本《野史》所引《國史實錄》則云：

業中繼家，不隕家名，講《學》、《庸》用朱子《章句》；講《論》、《孟》從何、趙古經。

《國朝實錄》之言雖如此，然瑞溪周鳳的《臥雲日件錄》卻記載著業忠珍重《四書大全》（註三二），萬里小路時房的日記《建聖院內府記》（簡稱《建內記》）則有將朱子之詩文集《晦翁集》三十冊送至業忠處，而業忠於讀完後送還之記事，（註三三）桃源瑞仙的《百衲襖》第五冊〈識語〉更記載著他曾經聽業忠講解朱子之《易學啓蒙》。由此可知，業忠不僅精研朱註《四書集註》與其疏釋之《四書大全》，也還熟讀、講授其疏釋之其他著作，對朱子學的造詣非淺。

清原家除業忠外，其孫宣賢（一四七五～一五五〇）在儒學上的成就亦值得大書特書。宣賢係神道家卜部兼好之三子，出繼為業忠之子宗賢之養子。其學雖折衷新、古兩註，思想卻依據程、朱不悖，而以《大學》、《中庸》兩書為心性之書，認為前者之「明德」與後者之「中」大義相同。

清原家之攝取宋儒新註，在宣賢時已大致完成。其學以宋儒新註為主，漢唐古註為輔。宣賢不僅任後柏原（一五〇〇～一五二六在位）、後奈良（一五二六～一五五七在位）兩天皇及方仁親王之侍讀，也曾當室町幕府第十任將軍足利義稙（一四六六～一五二三）、第十二任將軍足利義晴（一五一一〜一五五〇）與諸公卿之師，且爲僧俗人士講學，更遠至能登（石川縣）、若狹（福井縣）、越前（福井縣）等地講經說道。如據史乘的記載，則他是能講解整部《四書》《五經》的第一位日本學者。（註三四）

宣賢不僅學問淵博，而且認爲宋儒不能凌駕二程，朱子之學亦不過傳二程之道而已。他也重視自孟子至程、朱的道統，認爲如果朱子不誕生於世，則聖人之道在孟子以後必告中斷。（註三五）

宣賢對《大學》、《中庸》以宋儒新註，《論語》、《孟子》則以漢唐古註爲基礎，作其家之標準本，亦即整備了明經家的《四書》。雖然如此，其所受禪學與一條兼良之神、儒、佛三教一致思想的影響頗深。故當我們批閱其《孟子抄》時，即可發現全書到處引用朱熹《集註》，且給與明快的解說後，更言禪儒融合論。例如在解釋「盡心知性」時說：「如內典所言直指人心，見性成佛。直指人心者，言盡其心；見性者，言知其性；成佛者，言知天。」（註三六）由此觀之，當時的公卿貴族，就連對宋學造詣最深的宣賢，也尚無法超越折衷新古兩註與禪儒一致之不徹底的立場，以擺脫漢唐古註與禪學，使宋學獨立起來。（註三七）

就菅原家言之，此家除繼承前代遺風外，也兼治程朱之學，而對《周易》之用力尤深，此可由公文書館所庋藏舊鈔本《周易王註略例》五冊，京都仁和寺所庋藏《周易王註上下經》三冊，同寺靈雲院所庋藏永祿八年（一五六五）鈔《周易註疏》六冊，菅原家自藏元版《周易》單經本之皆經由菅原家「訓點」之事實獲得佐證。

如據足利衍述的考察，公文書館藏本有眉批，而對〈繫辭〉、〈說卦〉兩傳的批語最細密。其批語除《周易正義》外，也錄陸德明《經典釋文》，程子《易傳》，朱子《周易本義》，董楷《傳義附錄》，胡一桂《本義附錄纂疏》，及李公凱（？）之《周易句解》，間書其個人意見，且批判一柏之說與足利學校之說之處。就其書寫年代推之，雖可認爲出自菅原長淳，卻難下斷言。（註三八）其「訓點」方式自成一派，而柏舟之《周易抄》，桃源之《百衲襖》等，當時以《易》見長者無不參考其說，清原家則幾乎依據其訓點閱讀，可見菅家的易學在當時居於權威性地位。（註三九）

如據公文書館藏本之眉批，可窺知菅原家亦兼採新古兩註，亦即採取折衷方式來研究儒家經典之端倪。例如在〈下繫〉「子曰：『天下何思何慮，天下同歸而殊塗，一致而百慮』」處批曰：「私云：『仔細觀之，畢竟如何？吾道一以貫之』。」在王弼〈略例明象〉之「案文責卦，有馬無乾，則僞說滋漫，難可紀矣。互體不足，遂及卦變，變又不足推致五行，云云」處則批曰：「家傳：自矣字至互字之間斷句，此言占筮之達與不達。足利（學校）之說將取求於馬象之事說成至其末，而一白之心與足利（學校）相同」。由此足以推知菅原氏對《周易》的解釋，有其獨到之處而自成一家之言。

其次言一條兼良（一四〇二～一四八一）。兼良係室町時代衆多公卿裏首屈一指的儒者、程朱學者。太政大臣。從一位。亦稱三華老人、桃華老人、三關老人。法號覺惠、後成恩寺，世稱一條禪閤。關白經嗣之子。其兄因病薙髮隱居，故代之繼承家業。曾獲比照三宮（註四〇）之待遇，食邑三千戶，並獲賜隨身兵仗及年官、年爵。

如據《尊卑分脈》、《公卿補任》、《大臣補任》、《續本朝通鑑》卷七四、《野史》卷八三等的記載，兼良博學多聞，精於儒、釋，通神道，熟悉朝儀，且擅長和歌而才學無與倫比。著有《四書童子訓》、《日本書紀纂疏》、《新玉集》、《筆占》、《公事根原》、《文明一統記》、《樵談治要》、《東齋隨筆》、《藤河記》、《桃花蘂葉》、《除官雜例》、《花鳥餘情》、《令抄》、《源語秘訣》、《歌林良材》、《連珠合璧》、《雲井の春》、《二判問答》、《小夜の寢覺》、《尺素往來》等。

兼良之學問承自其曾祖父經通尊崇朱子，與當代學問僧岐陽方秀，及其庶兄雲章一慶。如前文所說，岐陽乃傾倒於程、朱之儒僧，故其從岐陽所獲朱子學必多。其有關儒學之言云：

> 朱子將敬字說成工夫，此敬字乃大學至小學治一心之公案。敬者謹愼之義也。《曲禮》之卷首言「莫不敬」。雖云禮有三百三十條，卻可治之於敬之一字。萬事因疏忽而有過錯，如有敬之之心，則其所爲皆能合理。故在小學也留心於此，在大學亦著力於是。但只思敬則不能得其工夫之力，是以宋儒之解釋不一。……程子之敬，主一無適，只是整齊嚴肅，則心便一。程門謝良佐之敬是常惺惺法，尹彥明之敬，其心收斂，不容一物。彼輩之釋敬字，有如從四方之門入屋內，故敬之一字誠爲聖學始終之要道，學者思之！思之！（註四一）

上舉文字係引自《四書童子訓》，此書乃日本最早的《四書集註》之講解，目前僅存《大學》部分。他將朱子的《大學章句》加以平易的敷衍，且與《中庸》、《論語》、《孟子》作思想上的聯繫，以

言儒、釋之一致處與不同處而意味深長，亦即程、朱以敬爲存養心性之樞要，兼良則據其說而以平易之言來說明者。（註四二）

對儒家所重視「忠恕」兩字，兼良所作解釋是：

君子者，乃自己先有善行，然後求人之善；自己已無惡行，然後正人之惡，此之謂「恕」。己無善而求人之善，己有惡而責人之惡，所令則反其所好，民不從也，此之謂「不恕」。故恕必須有忠，盡己之謂忠，推己謂之恕。又，中心謂之忠，如心謂之恕；先在我心盡道理，我身能正人，己有善行始求人之善，以治我身之心及人謂之恕，故其字亦書如心；乃如己心之義。是修善無惡謂之忠，己心中獨知而不煩他人，故其字亦書中心。又以治己之心治人，己無惡行始以恕者我心如無忠即不能行之道理，我身多行惡而說人者，無所用之人，故喻人者未有云。此文「所藏乎身」四字，含有忠字，忠乃藏於己心之道理，恕則將藏於心之忠顯於外之道理也。程子曰：「忠恕兩言，如形與影，欲去其一而不可得」。但恕有二義，如治己之心以治人云，此章之恕即此心也；如愛己之心以愛人，下章之絜矩之心也，俱爲施於人之辭也。（註四三）

兼良此言亦據朱子之言以敷衍者，可見他對朱子學實具有相當之理解。

兼良復言日本固有之信仰——神道與儒、釋兩教一致曰：

三器（註四四），儒、佛二教之宗詮也。孔丘之言曰：「仁者不憂，知者不惑，勇者不懼」。子思《中庸》之書，謂之三達德。聖人之道，雖大而博，究而言之，不過此三者。鏡照妍媸，則智之用也；玉含溫潤，則仁之德也；劍能剛利，則勇之義也。佛教謂三因佛性者，法身也，般若也，解脱也。法身即眞如德，正因性之開發；報身即般若德，了因性之開發；應身即解脱德，緣因性之開發；如此三身發得本有之德，鏡之能照般若也，玉之能潔法身也，劍之能斷解脱也。儒宗三德，本於天性，佛教三因，具於本有。統而言之，不離一心。一心者，衆生之心。天孫以三器隨不身而降於下土者，顯而王法，隱而佛法，使一切群生悟有此秘而已。（註四五）

此乃言神、儒、佛三道之根源皆在於一心，其有關儒教者則完全根據程朱之說來。並且他又根據《中庸》「天命之謂性，率性之謂道」以言此三教之一致曰：

中者，道之極也。《中論》曰：「因緣所生法，我說即是空，亦爲是假名，亦爲中道義」。《尚書》曰：「人心惟危，道心惟微，惟精惟一，允執厥中」。朱熹謂：「中者，不偏不倚，無過無不及之名也」。故二教之所宗，神道之所本，唯中而已。（註四六）

此乃言率一心所實現者爲道，名之曰「中」，而神、儒、佛三道不僅根源，其道亦相同者。

由上述可知，此一時期的博士之家與公卿們雖尚未能使宋學獨立，卻是江戶時代（一六〇三～一八六七）獨立的儒學之源流之一，此事容於下節探討。

第四節　江戶時代之朱子學

日本學者稱其江戶時代為近世的文藝復興，也是彼邦儒學研究的全盛期。與五山文學為僧侶之儒學相對的，江戶時代的儒學則可概稱為儒者之儒學。

1.儒者之出現

猪口篤志認為：江戶時代所以出現一種新行業的人物——儒者，其因有下列六端：

(1)因僧徒之墮落，致無論在學術上或思想上，都無法維護前一時代的權威。

(2)織田信長、德川家康以下，各藩之為政者均獎勵儒學。

(3)進入太平盛世以後，雖難以武功出人頭地，卻可在學問方面獲得尊敬，且以此獲陞遷的機會較多。

(4)圖書的出刊頗盛，當時雖處鎖國時代，卻可經由長崎進口中國圖書，容易把圖書弄到手。

(5)除幕府所設大學外，各藩亦設學校以教育人材，因此，一般民衆也受到刺激而興起好學之風，促進了私塾的發達。

(6)儒者的學術研究不僅比較自由，而且不論官學或私學，都能獲安定的生活。結果，儒學界人材衆多，成為時局的領導者。(註四七)

江戶時代的儒學，其內容已從中國學術獨立，其本質亦從前此學術、宗教、文學混合狀態中建立其獨自的領域。

江戶幕府十五任將軍二百六十餘年間，最用心於振興學問者爲家康、綱吉、吉宗三人。此三人對學術的方針互異。革除昔日之弊，使倫理道義朝向現實之儒教以興隆之機者爲家康；文教興隆的結果，除修己外，又於其道以身作則者爲綱吉；除講厚生之途外，又用心於民衆教育者則爲吉宗。

家康於戰亂後天下未定時，敬信藤原惺窩（一五六一～一七三四）而登用林羅山（一五八三～一六五七），或建紅葉文庫，或蒐集、刊行圖書，以開文運而厥功至偉。綱吉則使林鳳岡（一六四四～一七三二）蓄髮著儒服，使之擔任大學頭。並親臨湯島聖堂（孔子廟）講說經會，以身作則而有欲以儒家倫理爲武士規範之意。吉宗則不僅自己好學成性，更命室鳩巢(一六五八～一七三四)作《六喻衍義和解》以爲童子訓。這三位將軍對儒學的態度，非但可以其好學之本性探索其原因，且可在文化的要素，與其他各種文化要素之有機體似的關係上，來探求江戶時代文化發展的途徑。德川歷任將軍的文教獎勵，乃隨時代之進展而不將對儒教的教義的實踐侷限於武士階級，也使之滲透於隨工商業之發展而崛起的町人（工商人士）階層。故除町人階層之道義外，也帶來儒學本身之反省。吉宗時代及在此以後之儒學的傾向，實可清楚看出這種狀態。由松平定信(一七五八～一八二九)於寬政二年（清乾隆五十五年，一七九〇）所執行「寬政異學之禁」（註四八），係壓抑朱子學以外的各種學派的學術活動者，此乃將封建社會所需類型之要求反映於儒教之表現。亦即其在德川初期即已萌芽之封建社會

的矛盾，在封建制與獎勵學問之相互違背的性質，實不許於太平盛世的演進中擴大異學之禁的範圍。（註四九）

2.儒學之派別

自德川家康至綱吉時代，亦即自慶長（一五九六～一六一五）至元祿（一六八八～一七〇四）年間的儒學，通常可分為朱子學、陽明學、古學三派，及以編修《大日本史》為契機，裒集諸學派的水戶學。朱子學有以藤原惺窩為始的京學，以桂菴玄樹為始祖的薩南學派，由南村梅軒開拓的海南學派，及由這些學派發展出來的分支。陽明學即所謂之江西派，係以中江藤樹（一六〇八～一六四八）為始祖。古學派則是山鹿派（山鹿素行，一六二二～一六八五）、堀河派（伊藤仁齋，一六二七～一七〇五）、蘐園派（荻生徂徠，一六六六～一七二八）。其中陽明學的中江，古學派的山鹿、伊藤、荻生等人在初時均學朱子學。及至壯年，乃反省往日之所學而一改其學風，或傾倒於王守仁（一四七二～一五二八）之學說，或提倡復歸周公、孔子時的儒家本來面目。因此三者對朱子學之反省主要在哲學說上，故其主張主要在宋學特有的理氣說之解釋上有異同，所以雖有意擺脫宋學之境以求洙泗源流之志，卻未能完全拋棄宋學旨意。惟有荻生與他們完全異途，其對朱子學之反省，乃以洙泗為目標而完全否定宋儒哲學，以從禮制恢復古代精神為目的重新出發。職此之故，江戶初期的這些學派，大都源於朱子學或由此分派而作不同主張，故非源流不同而並行。所以江戶時代具有特色的儒學，實以朱子學為權輿。（註五〇）

①正學（官學）

朱子學，宋人朱熹探究人之本性的學問（日本近世學術之源流）

甲、京學派：藤原惺窩→林羅山→林鳳岡→柴野栗山

　　　　　　　　　　└→木下順庵→新井白石→三浦梅園

乙、南學派：谷時中→山崎闇齋（垂加神道）

△朱子學派之別支，有朱舜水（水户學）、貝原益軒（以《養生訓》著稱）等。

②異學

對朱子學持批判態度的學派

甲、古學派：主張直接接觸孔、孟之書，以回歸儒教本來之面目。其主要人物爲《聖教要錄》三卷之作者山崎闇齋。

ㄅ、京都之堀川學派：伊藤仁齋（古義學）。

ㄆ、江户之蘐園學派：荻生徂徠（古文辭學）。

乙、陽明學派：主張明朝王守仁知行合一之學說者（近世在野派之儒學）。

中江藤樹（近江・滋賀縣）→熊野蕃山（仕岡山藩・岡山縣）。

自元祿至享保年間（一六八八～一七三六）爲近世學儒學最興隆之時代。林鳳岡、新井白石、荻生徂徠、室鳩巢等諸鴻儒相繼參與幕府政治，在民間則有貝原益軒（一六三〇～一七一四）等教化廣被

著。另一方面，則有如伊藤仁齋之在野樹起反對官學——朱子學之旗幟(古義學)，完全壓倒一向在關西(京都、大阪一帶)有勢力的山崎闇齋。此一事實成爲刺激而在江戶興起荻生徂徠的古文辭學派，主張直接接觸孔孟之書以回歸儒教本來面目。其勢力終於取代在仁齋歿後析爲其子東涯（一六七〇～一七三六）、並河天民（一六七九～一七一八）兩派而開始式微的堀河派，而及於關西、四國、九州，旋有風靡全國之概。然徂徠學之弊在於重學問、才藝而後德行，且又好攻擊他派。故有如室鳩巢之以朱子學立場予以痛擊者，並且又有以五井特軒、蘭洲、中井竹山(一七三〇～一八〇四)、履軒（一七三二～一八一七）等人之以大阪懷德堂爲中心的反徂徠學，故學術界乃充滿頹廢之勢。當此之時，爲挽狂瀾於既倒而興起折衷諸學派以樹一家之說之折衷派起。折衷學爲紀州（和歌山縣）藩儒榊原篁洲及良野華陰等人所倡，至井上蘭臺、金峨時大爲流行。更有進者，此一時期已從中國輸入顧炎武、毛奇齡、閻若璩、王鳴盛、朱彝尊等清初考證學之著作而刺激學術界；另一方面又受徂徠較我爲古之態度之影響而樹立之學者多，京都之皆川淇園（一七三四～一八〇七），江戶之片山兼山（一七三〇～一七八二）、山本北山（一七五二～一八一二）等即其代表。於是當時學界諸家並起，各自主張其學說，好排擊他派而不知歸趨，故黃遵憲之《日本國志》卷三二〈學術志〉對此有所評論。（註五一）

3. 朱子學之採用

在中世思想界隸屬於佛教的儒教隨近世社會之成長而逐漸從佛教獨立以後，即成爲取代佛教之領導理論而爲幕府所採用。此蓋由於儒教除言敬天外又重視現世，言應從天命來領導人類社會而排斥佛教之彼岸主義，並以現有秩序爲天命而予以合理化，抑制批判的精神而寬容它之故。

幕府雖以集宋朝性理學之大成的朱熹之學爲正統而加以採用，不過朱子學之作爲官學，在排斥佛教與禁止基督教方面固然起很大作用，但在學術上並無特殊表現。林羅山掌幕府文教政策，排斥神儒佛習合說（神儒佛合一），倡神儒合一說而從事多方面的活動，卻無法逸出使幕府方針理論化的倫理道德思想之範疇。因此，在思想上實以不屬官學的海南朱子學派，及系出此一學派的山崎闇齋一門之功居多。（註五二）

藤原惺窩與林羅山均尊崇朱子學，此乃當時習儒學者之風尚。此一風尚由來於室町時代，尤其以五山爲中心的僧侶之間。雖然林羅山爲幕府所起用，也不能據此以爲德川家康或幕府將朱子學作爲官學的理由在此。（註五三）

4. 武士精神與朱子學之結合

朱子學之所以能夠在江戶時代普及的理由，除它被定爲官學外，其思想與生活在此一時代的人們，尤其與武士們之生活意識有相符處，此與禪宗之適合於武士之習氣的情形相似。朱子學言任何人的心都具備「理」——道德原理，人除「窮理」以明己心之「理」外，還得依「理」之所指，自動將正當的行爲實踐於社會之中。此種想法與武士們之從戰國時代以來的戰亂中，注重個人名譽與獨立自主的生活方式有相符處。其將這種武士精神與朱子學結合在一起的，就是中江藤樹。藤樹曾著《翁問答》，以爲「儒道」即「士道」，亦即站在儒學之教導與武士道一致之立場，來思考武士生存之道。

朱子雖言行止要正當，但它必須以行止能夠自由爲前提。這對出身武士而追求武士之生存方式的藤樹而言，自然難免有陰霾籠罩其思想。故他從三十七歲前後起，至四十一歲去世爲止，竟拋棄朱子學而傾倒於陽明學，且有近於佛教性質。此乃放棄對社會的關心，而只求「內心安樂」之消極的精神修養而已。藤樹這種思想的遍歷實說明朱子學在一方面固能適合武士之生存方式，卻與兵農分離以後的近世武士社會應走之方向發生矛盾。（註五五）

（註五四）

5.山崎闇齋的主張

十七世紀的學術中心仍在京都，藤原惺窩的門流——京學爲當時儒學界的主流；當時樹獨特之學風者爲山崎闇齋。闇齋初爲禪僧，在土佐與野中兼山（一六一五～一六六三）遊，受其影響而立志學儒術。明曆元年（清順治十二年，一六五五）三十八歲時，在京都設塾講授儒學。闇齋立志忠實遵奉朱子學，致有不許其弟子讀朱子學以外書籍之情況出現。但其對朱子學卻有某種偏差處。朱熹以爲「窮理」之修養必須「居敬」，亦即將精神集中於事物方能「窮理」。然闇齋卻將重點放在「敬」方面，而且不僅只就心字來說，還從「身心」，亦即從行爲之外表與精神兩方面來說應以「敬」爲修養之根本。因此，闇齋所說之朱子學已喪失理性的、自主的性格，成爲只教人忠實履行道德規範，亦即只教人犧牲小我，奉獻別人之心理準備而已。只因爲如此，反而更能打動人心。如果除被囿限的秩序中之外無法發現生存之道，爲此一時代之社會大衆所面臨之事實，則闇齋的思想頗能符合那種群衆的生活意識。

6. 對朱子學的批判

迄至十七世紀後半，出現從正面批判朱子學的學者，而以山鹿素行為其始作俑者。素行對兵學的造詣頗深，所以他係從兵學的立場探求有益於武士之日常生活之學問，而由思想上探求的結果。從寬文二年（清康熙元年，一六六二）四十歲前後起，開始主張不要倚賴後世之朱子學、陽明學等學說，應直接閱讀儒書，以學中國古代聖人之教。他以這種方式發現的聖人之教稱為聖教或聖學，於寬文五年著《聖教要錄》三卷，對朱子學有所批判。（註五六）

素行所發現的聖人之教，就是以「職業本分」為自覺之根本，正確認識自己所處的社會地位，與隨之而來的責任。其欲從被賦予的社會秩序中依自己所處地位決定生活方式的看法，與闇齋有相通處。惟與闇齋相異者，乃非順從秩序而重視對秩序本身之客觀的認識。由此立場，素行對日本社會固有之傳統秩序，及武士社會之歷史的形成過程表示很大關心，撰著討論日本古代史的《中朝事實》，及武士政治之歷史《武家事紀》等書，擬立足於具體的事實以建立實用的學問。

當此之時，幕府官學——朱子學之大本營林家卻代代夭折，大學頭林信愛，於天明八年（清乾隆五十三年，一七八八）年僅二十八而歿，二十一歲之信敬（錦峰）繼其後，但朱子學竟步上式微之途，至其門下有改修其他學派者。（註五七）

天明六年，第十一任將軍家齊（一七七三～一八四一）立，老中（職稱）田沼意次（一七一九～

一七八八）被黜。越明年，白河藩（福島縣）主松平定信（一七五八～一八二九）為老中輔政，銳意改革秕政（寬政改革）。定信素喜朱子學，顰蹙當時學派傾軋之醜狀，兼因廣島（廣島縣）藩儒賴春水（一七四六～一八一六）之進言，乃斷然決意壓制異學以振興朱子學。更於寬政二年（清乾隆五十五年，一七九〇）五月二十四日通知大學頭林信敬，於江戶昌平黌定朱子學為官學，朱子學以外之所謂異學不得參加幕府所舉辦之考試。此一禁令頒布以後，因株守程朱之說而不許立異說，故拘束思想自由而有礙學術之發展，將人民驅入一定規矩使成曲謹之風，致消磨壯志而妨礙人材之成就。惟宣揚朱子學的結果，培養了重名分、尚氣節之風，促使尊皇思想發達，開王政維新之基，此乃定信始料所不及者。（註五八）

【註釋】

註一　中巖圓月，《中正子》〈革解篇〉。

註二　義堂周信，《空華日用工夫略集》，應安六年（一三七三）三月十九日條。

註三　義堂周信，《空華日用工夫略集》，永德元年（一三八一）十二月三日條。

註四　義堂周信，《空華集》，卷一五，〈高山字說〉。參看芳賀幸四郎，《中世禪林の學問および文學に關する研究》（京都，思文閣，昭和五十六年十月），頁七四。

註五　岐陽方秀，《不二遺稿》，卷下，〈即中字說〉。

註　六　岐陽方秀，前註所舉書，〈明說〉。

註　七　同註五。

註　八　《孟子》〈盡心章〉。

註　九　中巖圓月，《東海一漚集》，說部，〈道行說〉。

註一〇　陳式銳，《唯人哲學》（廈門，立人書報社，民國三十八年一月），頁一八。

註一一　《論語》〈為政篇〉云：「為政以德，譬如北辰，居其所而衆星共之」。

註一二　東沼周曮，《流水集》，五，〈嘉邦說〉。

註一三　陳式銳，《唯人哲學》，頁一二四。

註一四　《孟子》〈梁惠王章〉云：「孟子見梁惠王，王曰：『叟，不遠千里而來，亦將有以利吾國乎』？孟子對曰：『王何必曰利，亦有仁義而已矣。王曰：何以利吾國？大夫曰：何以利吾家？士庶人曰：何以利吾身？上下交征利，而國危矣！萬乘之國，弒其君者，必千乘之家；千乘之國，弒其君者，必百乘之家，萬取千焉，千取百焉，不為不多矣，苟為後義而先利，不奪不饜。未有仁而遺其親者也，未有義而後其君者也。王亦曰：仁義而已矣，何必曰利』？」

註一五　翺之慧鳳，《竹居清事》〈德政論〉。

註一六　足利衍述，《鎌倉室町時代之儒教》（東京，有明書房，昭和四十五年五月，復印本），頁三七五。

註一七　陳式銳，《唯人哲學》，頁一五。

註一八　《大學》〈傳之九章〉云：「……是故君子有諸己，而后求諸人，無諸己，而后非諸人。所藏乎身不恕，而能喻諸人者，未之有也。……」。《孟子》〈離婁章〉則云：「孟子曰：『君子所以異於人者，以其存心也。君子以仁存心，以禮存心；仁者愛人，有禮者敬人，愛人者人恆愛之，敬人者人恆敬之。有人於此，其待我以橫逆，則君子必自反也，我必不仁也，必無禮也，此物奚宜至哉？其是也，君子必自反也，我必不忠？自反而矣，其橫逆由是也，君子曰：此亦妄人也已矣；如此，則與禽獸奚擇哉？於禽獸又何難焉』！」

註一九　東沼周曮，《流水集》，五，〈嘉邦說〉。

註二〇　《孟子》〈離婁章〉。

註二一　東沼周曮，《流水集》，四，〈說夢〉。

註二二　足利衍述，《鎌倉室町時代之儒教》，頁五五八。

註二三　足利衍述，前註所舉書，頁五六〇～五六一。

註二四　足利衍述，前註所舉書，頁五六一。

註二五　桂庵玄樹，《島陰集》，卷上，〈寄一枝詩〉。

註二六　和島芳男，《中世の儒學》，頁二二一。

註二七　應仁之亂，日本室町時代末期以京都爲中心發生的大亂。室町幕府對其手下之諸侯原本欠缺統御力量，至中期時則常爲他們叛亂所苦。加之，幕府的腐敗與秕政，致其權勢日衰。另一方面，則是將軍家與諸侯家爲繼承人選問題而各在其內部鬥爭不已。當此之時因管領畠山、斯波兩家之繼承人問題引爆的爭端，與細川（東軍）、山名（西軍）兩大守護之間的互爭雄長糾結在一起，於一四六七年（應仁元年）發展成爲二分天下的大亂。此一內亂至一四七七年方纔結束。結果，京都成爲廢墟，幕府權威掃地，莊園制度崩潰，各地武士勢力增強，而發展成爲戰國大名領國制。當時因有許多公卿爲避戰亂逃至地方，遂成爲地方文化發展的主要因素之一。

註二八　足利衍述，前舉書，頁五七四～五七五。

註二九　大高坂芝山，《南學傳》，卷上，〈南村傳〉。

註三〇　足利衍述，前舉書，頁五七九～五八〇。

註三一　太極藏主，《碧山日錄》，長祿三年（一四五九）四月二十三日條。

註三二　瑞溪周鳳，《臥雲日件錄》，寬正七年（一四六六）二月三日條。

註三三　萬里小路時房，《建聖院內府記》，嘉吉元年（一四四一）四月十五日條。

註三四　參看和島芳男，《中世の儒學》（東京，吉川弘文館，一六五），頁四六，及王家驊，《日中儒學の比較》（東京，六興出版，一九八八年六月），頁一三〇。

註三五　王家驊，前註所舉書，頁一三〇。

註三六　和島芳男，《中世の儒學》，頁一九一。

註三七　同註三三。

註三八　足利衍述，《鎌倉室町時代之儒教》，頁五三三。菅原長淳，和長之子。文章博士。歷任大內記、少納言、左大辨、式部大輔、大藏卿、權中納言等職，升爲從二位。天文十年（明世宗嘉靖二十年，一五四一）、十六年，前後兩次銜命前往筑紫（福岡縣）。翌年三月，歸途客死赤間關（關門海峽），年四十三（一說四十七）。養子盛長亦爲文章博士，歷任少納言、式部大輔、參議、權中納言，晉陞正二位。慶長十二年（明神宗萬曆三十五年，一六〇七）卒，年六十九。

註三九　足利衍述，《鎌倉室町時代之儒教》，頁五三三。

註四〇　三宮，就是皇后、皇太后、太皇太后。

註四一　一條兼良，《四書童子訓》〈大學章句序〉之釋語。

註四二　足利衍述，前舉書，頁五三三～五四四。

註四三　一條兼良，《四書童子訓》〈大學章句〉對「傳九章」所爲之解釋。

註四四　三器，即三種神器，自古以來作爲繼承皇位之信物而留傳下來的三種寶物，即：八咫鏡（Yatanokagami）、草薙劍（Kusanaginotsrugi）、八坂瓊曲玉（Yasakaninomagatama），有關這些寶物的由來見於《日本書紀》，其未獲傳這些物品者被視爲非正統的天皇。因鏡子、劍、曲玉往往從古墳出土，故被認爲是古代豪族的傳家之寶，而它們之成爲皇位的象徵，似乎是在七世紀頃。

註四五　一條兼良，《日本書紀纂疏》，卷下。

註四六　一條兼良，《日本書紀纂疏》，卷上。

註四七　猪口篤志，《日本漢文學史》（東京，角川書店，昭和五十九年五月），頁二三一。

註四八　寬政異學之禁，江戶幕府對朱子學以外之學派的禁令。寬政二年（清乾隆十五年，一七九〇），老中松平定信作爲政治改革之一而實施者。自從江戶幕府成立以後，即以朱子學作爲官學而予以獎勵，惟至中期幕府根基發生動搖之際，其爲幕府學問之大本營的林家不振，而古學派、折衷學派的學術頗爲盛行。因此，幕府爲加強其封建教學，乃革新朱子學，且以林家之湯島聖堂爲官學而將它改作昌平黌，更以朱子學作爲登用官吏的考試範圍。所以並非禁止朱子學以外的其他學派，乃是將它們視爲會使風俗紊亂的異端之學。在此情形之下，各藩的藩學多藉此機會改授朱子學，收到與查禁相同的效果。

註四九　鄭樑生，《日本通史》（臺北，明文書局，民國八十二年十二月），頁三〇五～三〇六。

註五〇　鄭樑生，《日本通史》，三一二～三一三。

註五一　鄭樑生，《日本通史》，頁三〇七～三〇八。黃遵憲，《日本國志》，卷三二，〈學術志〉所作評論云：「三百年來，國家太平，優游無事，士大夫每立一義，創一說，則別樹一幟，如宋明人聚徒講學之風。爲之徒黨者，若蟻之慕羶，以千百計。……而此徒彼黨，往往負氣，不相上下，各著書說，昌言排擊。即共居一門，亦同室操戈，兄弟鬩牆，相狎侮者。甚則師弟間反顏相向，或隙末倒籍，或背去，又比比然也」。

註五二　鄭樑生，《日本通史》，頁三〇九。

註五三　同前註。

註五四　同前註書，頁三一四～三一五。

註五五　豐臣秀吉統一天下以前，武士與農民未必判然而分，爲了自衛，農民亦可持有武器。然爲確立封建制度，實須使兵農完全分離，並使農民遠離「一揆」（武力抗爭）之習慣，使之專心務農。因此，秀吉乃於天正十六年（明神宗萬曆十六年，一五八八）發布「刀狩令」，使農民、寺院繳出刀、槍、鐵砲（步鎗），及其他各種武器。其表面上的理由，固爲利用那些武器的鐵材作營造京都東山方廣寺大佛殿之釘子與鍋子，其實際目的卻如以上所述。結果，兵農與工商被分離，武士與工商人士居住「城下町」，農民則必須在農村落地生根。繼則於天正十九年發布身分法令，以求士、農、工、商之封建的身分制度之固定。此乃與他所實施「檢地」（丈量田畝）、「刀狩令」表裏一體的措施。

註五六　鄭樑生，《日本通史》，頁三一六。

註五七　同前註書，頁三一七。

註五八　同前註書，頁三〇八。

第七章　結　論

以朝廷爲中心的日本公卿社會，在鎌倉時代以後，因武士政權之形成及地頭（註一）勢力之入侵莊園，故無論在政治上或經濟上都受到很大的打擊，致從古代的權威寶座掉下來。雖然如此，在十三世紀三十年代前半以前，亦即至後醍醐天皇實施新政爲止，他們在政治上或經濟上仍具有相當實力。所以後醍醐的新政雖告失敗，也仍充滿欲恢復政權之強烈意願與熱情，而依舊扮演著自古以來執文化界之牛耳的角色。然當隨著新政失敗而成立了室町幕府，公卿社會便完全被排擠於政治圈外，並且隨著時代的演進，其作爲經濟基礎的莊園，竟爲武士勢力所蠶食鯨呑而完全崩潰，只能憑他們往日之權威，與古典文化的維護、管理者的身分，來主張自己的地位而已。（註二）

在政治上大幅度的掌握實權，在經濟上也貯積強大勢力的武士社會，原應在不久以後就要擔負新興文化的責任，惟在鎌倉時代，其對精神文化方面的造詣尙淺，故對學術與文學方面的發言力不強，所以他們參與此一方面的活動被動而缺乏主體性。迄至室町時代，雖已能夠主動而積極的參與，但其獨自的文化感覺之自主的作用範圍仍屬有限。因此，室町期的武士社會在文化上所扮演的角色，實在於保護公卿社會與禪僧社會的文化，及當他們兩者的媒介，尤其在學術與文學的領域爲然。（註三）

區分日本古代文化與中世文化的最大特徵與標幟之一，就是古代文化主要受到六朝文化與唐文化之影響而發達，故對它們有親近性，中世文化則受宋元與明文化之強烈影響，所以具有類似它們的傾向。其輸入宋、元、明文化的，雖非只有禪僧社會，然無論在質或量上，最賣力，最熱心的輸入、介紹者，卻是禪僧們。（註四）就這種意義上言，他們乃是日本整個中世裏，最進步的文化先進，對彼邦中世文化附與具有特徵的性格與形成作出最大的貢獻。自中國東傳後的禪宗在開始時，受到鎌倉幕府執權北條氏與其家臣團，繼則受大覺寺、持明院兩皇統之朝廷與公卿社會之一部分，後來則更受室町將軍家與守護大名階層之皈依，成爲最富於文化的宗教而稱霸於中世佛教界。在此情形之下，他們便自然獲得偌大土地的捐贈，於是在豐富的收入下，得到經濟上的安定，從而贏得形成文化的基本條件之一的，充分的閑暇與精神上、物質上的充裕，而尤以京都、鎌倉的五山爲然。所以那些禪宗寺院之成爲日本中世文化的淵藪，乃極其自然而且當然之事。（註五）日本中世的儒學與文學的最大特色，在於前此由公卿、博士之家所主導的漢唐訓詁之學風式微，代之而起的，就是根據宋儒朱子新註之宋學興起。當時的日本禪林，不僅研究宋儒新註的儒家經典，也還旁及老莊，更給中國詩文之鑑賞帶來一個轉機，遂在日本漢文學史上造成最輝煌的時代。（註六）

宋學東傳之初，雖有如虎關師錬之批判程朱等人之既取佛教思想，竟又排佛爲非，然其所言者只是攻擊他們從佛教有所得，居然又排擊佛教而已，並未言及他們的學問方面。然而批判宋儒者畢竟是少數，他們的絕大多數都對宋學持肯定的態度，認爲宋儒曾經參禪而得深諳禪旨，所以對孔孟學說的詮釋能夠擺脫前人的見解而有所發明，對儒家經典的解釋與漢唐古註迥然有別，而對宋儒新註書的評價極高，認爲朱子「心究造化之原，身體天地之運，雖韓、歐之徒，恐當斂衽而退」，而將其地位置於韓昌黎、歐陽永叔之上。更有人認爲朱熹「以一心究造化之妙，至性情之妙。正《四書》、《五經》之誤，作《集註》，作《易本義》，流傳儒道之正路於天下」，所以「不以朱子爲宗，非學也」。日本禪林既如此尊崇朱子，親近宋學，這種現象便互爲因果，展開了禪林宋學。對儒家經典——《五經》、《四書》都能深入研究，其說大都祖述宋儒之意，亦不乏有其獨到之見解。

當時的日本禪林不僅根據宋儒所註書從事儒學研究，而且不忘其身爲僧侶教化世人的本分，隨時隨地應用其所學，以教導世人。

迄至室町時代後期，因中央的政治權力完全失墜而致使其威勢分散於地方，在此情形之下，學問發展的傾向也自然分散於地方。前期的高僧如虎關師鍊、雪村友梅、中巖圓月、義堂周信、絕海中津、岐陽方秀、雲章一慶、仲芳圓伊、瑞溪周鳳、季弘大叔等高僧名衲不僅擅長詩文，更興起設講授內外典的講席，以探討文義之風。因此，在這個時期的詩文風氣稍衰，唯流行講學之風氣，從而出現標上日式句讀之所謂訓點之書，此日式句讀之「和點」。與之同時，又出現作爲講義之筆記的所謂「國字解」，稱爲「抄」。此「和點」、「抄」實可謂爲室町時代之一大特色。這個時期的講書、抄書家以萬里集九、唉雲清三等淄流最著，而清原宣賢等朝廷公卿，在這方面亦有相當造詣。就「和點」言之，前此雖有紀傳、明經等諸博士家的漢唐古註之訓點，然至此一時期則出現標示宋儒新註書之讀法的和點《四書》。對宋儒新註書加上訓點的，始於岐陽方秀而由桂菴玄樹、文之玄昌等人完成。

當京都因內亂成爲戰場以後，許多公卿貴族與僧侶爲避難而遷徙地方，結果使地方文化得以發展。就儒學言之，有以桂菴玄樹爲始祖之薩南學派，與以南村梅軒爲創始者之南學派。前者在九州南端之薩摩弘揚朱子之學，後者則於四國以同一宗旨來陶冶海南武士，而對日本戰國時代的儒學作出不可磨滅的貢獻。

當時在地方上傳播宋學的，除薩南學派與南學派外，尚有在下野（栃木縣足利市）的足利學校。有關足利學校的創辦人問題，至今聚訟紛紜，莫衷一是，惟由鎌倉前期武將，亦即由鎌倉幕府首任執權北條時政之女婿足利義兼（?～一一九九）創設之說最爲有力。此一學校在初期所講授者爲折衷漢唐古註與宋儒新註書，如：該校首任庠主（負責人）快元之弟子柏舟之《周易抄》，係參看王弼、孔穎達的古註，與程朱二子與董楷、胡一桂、胡方平之新註；第九任負責人閑室的《春秋經傳抄》參酌杜預、孔穎達的古註，與胡安國、林堯叟、朱申之《春秋大全》等之新註；第十任龍派則於其《論語》兼採何晏之《集解》，與朱子之《集註》之說等是。

當時的足利學校在儒學方面自成一派，與五山禪林、博士之家鼎足而三。此一學校的學生雖兼收僧侶與世俗子弟，惟至後來，則僧徒居多。如據上杉憲實於文安三年(明英宗正統十一年，一四四六)所訂校規，則它只教授漢學關係圖書，不准講授教乘、禪錄、詩註、文集等。並且又規定：凡不認眞學習而荒廢學業者，嚴予處罰。可見該校辦學的目的在培養學生們樸實剛毅的氣習，離開學校以後每一個人都能夠以自己所學去教化、引導士民。又，該校當時的藏書頗豐，其書目見於足利衍述著《鎌倉室町時代之儒教》，頁六六一～六六四。

此外，又有由北條實泰之子實時，於其位於武藏六浦莊金澤鄉之別墅裏所創設，委由該地稱名寺僧管理之金澤文庫（位於現今橫濱市金澤區金澤町）。此文庫雖經實時之子顯時，孫貞顯增添不少藏書，卻因隨稱名寺之式微而圖書之管理欠周，後經上杉憲實之整頓遂得復興起來。此文庫所庋藏者，除漢籍外，尚包含許多本國圖書與佛書。曾於明世宗嘉靖年間赴日的鄭舜功記述此文庫之藏書情形云：

中國圖書流彼多，珍藏山城大和下野文庫及相模金澤文庫。抑惟金澤、大和二文庫，以聚書之淵藪。他庫雖藏書，未及二庫也。（註七）

可見其藏書豐富的情形已爲中國人所知。藏書既然如此豐富且已爲人熟知，則對學術之發展必起了相當大的作用。

當我們回顧日本中世朱子學之發展過程時，可以發現以漢唐古註爲主，而由公卿貴族執牛耳的古代儒學，在鎌倉時代雖已式微，但從此一時代中期起，從屬於禪宗的新儒學卻開始傳布，且逐漸盛行起來。結果，皇室、公卿、博士之家也逐漸受到宋學的影響，遂形成京學博士家的折衷新、古註的學風，亦即當時的王官貴族尚未能使宋學獨立起來。就禪與儒學的關係言之，初時被包攝於禪的儒學，竟隨著時間的流逝，逐漸成爲對等關係；到了後來則出現了許多儒僧。那些儒僧，有的居然離開禪宗寺院，專門從事儒學之研究，如：藤原惺窩之走出京都相國寺，林羅山之走出京都建仁寺，就是典型的例子。由於他們的走出寺院專門從事宋學之研究，復為德川幕府所重用，擔負幕府的文教工作之大責重任，這對日後二百六十餘年的文運不僅造成極大影響，而且對尊王攘夷思想的形成，及對明治維新運動的促成，也起了相當大的作用，此期儒學之傳佈與影響亦可由此確立。

又，日本中世禪林研究朱子學的概況與其發展情形，雖如上述，然當時他們所涉獵之漢籍並不侷限於《四書》、《五經》而旁及史書、一般文學書，及老莊關係圖書，且均有相當傑出的成就。所以今後如能對這些領域也加以探討，則對日本中世禪林研究儒學、漢文學的全貌，當會有更深一層的瞭解。

【註釋】

註一　地頭，日本鎌倉、室町幕府的職稱。平安（七九四～一一八五）末期的鄉司也叫地頭。文治元年（南宋孝宗淳熙十二年，一一八五）鎌倉幕府的創建者源賴朝，以維持治安的名義，經朝廷之同意設於全國之莊園、公領而制度化。負責管理、檢查莊園，課徵田租等工作。惟隨時間之流逝，弊端漸生，蠶食鯨吞自己所管理的土地而坐大，逐漸成為有勢力的守護之部屬。

註二　芳賀幸四郎，《中世禪林の學問および文學に關する研究》（京都，思文閣，昭和五十六年十月），頁三。

註三　芳賀幸四郎，前註所舉書，頁三～四。

註四　芳賀幸四郎，前註所舉書，頁五。

註　五　參看前註書，頁五。

註　六　芳賀幸四郎，註二所舉書，頁五～六。

註　七　鄭舜功，《日本一鑑》（商務印書館據舊鈔本影印本，民國二十八年）《䆁島新編》，卷四，〈書籍〉，嘉靖四十三年條。